TERE VALE

BULLYING
Y ABUSO INFANTIL

Diseño de portada: Ramón Navarro
Ilustraciones de interiores: Hugo Miranda Ruiz

© 2016, Tere Vale

Derechos reservados

© 2016, Editorial Planeta Mexicana, S.A. de C.V.
Bajo el sello editorial PLANETA M.R.
Avenida Presidente Masarik núm. 111, Piso 2
Colonia Polanco V Sección
Deleg. Miguel Hidalgo
C.P. 11560, México, D.F.
www.planetadelibros.com.mx

Primera edición: febrero de 2016
ISBN: 978-607-07-3255-3

Impreso en los talleres de Litográfica Ingramex, S.A. de C.V.
Centeno núm. 162-1, colonia Granjas Esmeralda, México, D.F.
Impreso y hecho en México – *Printed and made in Mexico*

A todos los niños del mundo

A Miguel
A Raúl
A mi papá

Siento más su muerte que mi vida.

Miguel Hernández

Índice

———∘∞∘———

Agradecimientos   9

1. ¿Todos somos violentos?   11
2. ¿Es el *bullying* un fenómeno global?   15
3. ¿La violencia se comporta igual en todo el mundo?   27
4. ¿La riqueza o la pobreza son factores determinantes de la violencia?   33
5. Hombres y mujeres, niños y niñas, ¿somos igualmente violentos?   39
6. ¿Qué otros factores influyen?   43
7. ¿Todos los animales son violentos entre pares?   53
8. ¿Nacemos o nos hacemos violentos?   59
9. ¿Todos los adolescentes son violentos?   67
10. Violencia juvenil, algunos datos   73
11. Cuando no amamos al prójimo como a nosotros mismos   79
12. ¿La violencia está en los genes?   83
13. Agresividad... ¿condena genética o libre albedrío?   91
14. La violencia en los medios de comunicación, videojuegos y redes sociales   99
15. En busca de la residencia del mal   109
16. ¿Es el *bullying* un asunto sólo de dos?   127
17. El elenco: las víctimas, los victimarios y los testigos   137
18. *Cyberbullying*: una forma nueva de acosar   145
19. Prevención e intervención   153
20. Nunca y siempre   163

Referencias   167

Agradecimientos

Otro libro, el quinto para Editorial Planeta a la que agradezco nuevamente la confianza, oportunidad y apoyo para seguir trabajando en los temas de psicología que tanto me apasionan. Gracias a todo el equipo responsable por la publicación de este trabajo.

Gracias una vez más a mi querido y respetado amigo Daniel Mesino, editor y cómplice en todas mis aventuras editoriales. Gracias, Dani, por tu paciencia y cercanía con esta autora, gracias por creer siempre en mí, por tus consejos, comentarios inteligentes y cariño. Sin ti, este esfuerzo no hubiera sido posible.

Gracias a Patricia Rozitchner, siempre eficiente, siempre cercana, siempre con acentos, comas y apapachos a la mano para ponerlos donde hacían mucha falta. Ha sido un privilegio trabajar contigo por cuarta vez.

Gracias a mi gran amigo y compañero de viaje Jaime Guerrero. Sus acotaciones, comentarios brillantes, sugerencias, largos pleitos, conversaciones sobre este y otros temas que fueron una ayuda invaluable.

Mi agradecimiento a Gabriela Guerrero y Salvador García Santillán que tanto me ayudaron en la investigación y búsqueda de fuentes en el espinoso tema del acoso escolar.

También agradezco la asesoría en temas legales del doctor Bernardino Esparza, jurista destacado y querido compañero de aventuras mediáticas.

Gracias a todos mis muy entrañables amigos que de una u otra forma me dieron la compañía, afecto, risas (y pleitos) que me permitieron seguir adelante en esta empresa... Gracias a Eduardo Ruiz Healy, a mis queridísimas amigas Jacqueline Sheinberg, Mashe y Jacqueline Pier. Especial mención a Tanya Rayón, siempre dándome ánimos y cafecitos para que pudiera enfrentar la tarea.

Y, como siempre, gracias a Martha Cerón, querida amiga, leal colaboradora, dispuesta siempre a acompañarme en cuanta locura se me ocurre. Gracias Marthita, una vez más.

Dejo al final a mi familia. Gracias, Nico, por todo, por existir y estar. Y por encima de todo, gracias por tu permanente presencia amorosa y solidaria con tu extraña mamá. A mi querida Elvirita, gracias por seguir conmigo. A tus 95 años todavía me apoyas y me acompañas. A Javier y Federico, mis amados hermanos, gracias.

No puedo dejar de darle las gracias a dos extraordinarios seres con los que tengo la gran maravilla de compartir mi vida: Alfonsita y Petrushka. Siempre cercanas, siempre comprensivas, siempre junto a mí. Alegres, tiernas, juguetonas, agradecidas, confidentes, haciéndome reír o secándome las lágrimas. Por ellas todo vale la pena.

Y muchas gracias a usted por leer este libro, espero le sea de ayuda.

Tere Vale

1.- ¿Todos somos violentos?

El hombre es la única especie que asesina en masa,
el único que no se adapta y destruye a su propia sociedad.

Nikolaas Tinbergen. Premio Nobel de Fisiología 1973.

Para muchos niños de hoy Gandhi es, o una librería que reconocen en el mejor de los casos, o una breve nota que aparece en algún libro sobre un extraño personaje histórico. Lejos estamos de recordar en este mundo, donde prolifera la agresión social y el vandalismo, la trascendental lección que difundió este hombre a lo largo de su vida al mostrarnos que las grandes batallas se pueden dar lejos de la violencia. Mahatma Gandhi buscó y logró la independencia de la India sin un ápice de agresión, incluso con respeto por el imperio que los sometía. Luchó por lo que creía justo, vehementemente, pero con enorme dignidad y hasta delicadeza. Podríamos decir que sus premisas fueron resistir sin odio y combatir sin venganza, con la fuerza moral de la que todos deberíamos ser capaces, sin llegar a la destrucción del otro. La no-violencia es, sin duda, muestra de lo mejor de lo humano, es la actuación suprema de la corteza sobre el cerebro emocional y reptiliano: inhibir, controlar, limitar. Hombres y mujeres podemos ser capaces de ello, pero... ¿Por qué no todos y por qué no siempre? ¿Por qué también son violentos los niños?

La mayor difusión que alcanza en el siglo xxi el llamado *bullying* o acoso escolar (una forma de violencia entre pares, que incluye cualquier forma de discriminación, maltrato psicológico o físico, verbal o a través de redes sociales) a escala nacional y mundial, ha obligado a hacer un alto en el camino e interesarnos con mayor detalle sobre la naturaleza y causas de este tipo de agresión, en especial entre niños y jóvenes. Actualmente, ¿qué sabemos de la violencia?

En términos legales esta conducta designa las acciones contra las personas, incluidos el homicidio, el asalto, el acoso o la violación. Esta definición, claro, ha variado a lo largo del tiempo y en las diferentes culturas. El sacrificio humano, el infanticidio o la tortura fueron (y desafortunadamente aún son) terribles conductas aceptadas e incluso promovidas en algún momento por ciertos grupos humanos. Las preguntas detrás de estas acciones son muchas y todas preocupantes: ¿Es la violencia innata?, ¿todos los seres vivos somos agresivos?, ¿nacemos así?, ¿hay unos humanos más antisociales que otros o es tan sólo cosa de que "nos lleguen al precio"?, ¿nuestros parientes más cercanos, los simios, son igualmente agresivos por naturaleza?, ¿los estímulos ambientales, como la televisión o el cine a partir del siglo xx, son capaces de volvernos aún más sádicos y depredadores?, ¿existe una causa y una "cura" para la criminalidad?

Estos cuestionamientos no son sencillos de responder y a pesar de que la historia humana es la historia de la violencia, seguimos debatiendo el tema, estudiando y tratando de conocernos.

Empecemos por un extremo menos inasible, el de los sociópatas. De acuerdo con la definición de la personalidad psicopática antisocial del DSM-5 o *Diagnostic and Statistical Manual of Mental Disorders* [*Manual diagnóstico y estadístico de los transtornos mentales*] de la APA, American Psychiatric Association [Asociación Estadounidense de Psiquiatría], este trastorno, que se presenta obviamente con violencia, se caracteriza por despreciar y violar los derechos de los demás, comienza en la infancia o en la adolescencia y continúa hasta la adultez. No estamos sugiriendo que todos los que intimidan a sus compañeros tengan necesariamente un trastorno antisocial, pero la revisión de esta psicopatología es importante para dimensionar el problema que nos ocupa.

Siguiendo la clasificación del *DSM-5*, estas personas pueden sufrir alteraciones desde su niñez y mostrar conductas delictivas causales de arresto, como destruir la propiedad ajena, atacar, robar, abusar de otros o tener incluso ocupaciones ilegales. Las personas con este desorden pasan por alto los deseos y derechos de los demás, nos dice la descripción de este síndrome. Toman decisiones impulsivamente, sin reflexión y sin consideración alguna por las consecuencias de sus actos sobre sí mismos y sobre los demás. El *DSM-5* agrega: "estos individuos tienden a ser irritables y agresivos y repetidamente se involucran en riñas o cometen actos de violencia física" (American Psychiatric Association, 2013).

No todas las conductas delictivas son conductas enfermas ni forman parte de este concepto de personalidad psicopática o antisocial. Aducir trastornos mentales es uno de los recursos más usados en la defensa de muchos criminales para aminorar sus sentencias. La diferencia entre un perturbado y un criminal es una delgada línea que aún no sabemos bien a bien precisar. Afirmar que la violencia o el crimen pertenecen por lo tanto a una categoría psicopatológica, no vale para todos los casos. La sutil distancia entre el "mal" en estado puro (en el sentido que no está generado por alguna alteración neuropsicológica) y la enfermedad mental, es algo no suficientemente estudiado, aunque hemos avanzado en ello a lo largo del siglo xx y del actual.

El *bullying* en las aulas es un fenómeno emparentado necesariamente con las conductas antisociales que se han dado y documentado desde siempre, y al que hemos prestado más atención en los últimos años, sin que haya suficiente investigación que nos permita dimensionar precisamente el origen y tamaño real del problema. Muchos autores piensan que el acoso escolar tal y como ahora lo hemos definido se da sólo en el contexto actual, ya que hasta hace unos pocos años los pleitos escolares, el "no dejarse" y demostrar ante los compañeros de aula que no se era "un gallina" o "un maricón" (usos detestables de estas palabras) eran conductas no sólo habituales, sino incluso promovidas por los padres.

Hoy la observación comprueba un deterioro en la posibilidad de la convivencia pacífica dentro de las escuelas y un aumento de las conductas agresivas en niños y adolescentes. ¿Por qué sucede esto? Como decíamos antes, el acoso entre pares siempre ha existido, pero... ¿ha aumentado significativamente en los últimos años?

Podríamos decir que el *bullying* es un tipo específico de conducta agresiva cuya finalidad es herir, atacar o humillar al otro. Este patrón se presenta de manera repetitiva y se da entre una persona o grupo de personas que lastiman a otra menos poderosa o débil. La diferencia de "poder", entre uno y otro, puede ser del orden físico o psicológico e incluye diversas conductas agresivas contra el indefenso como el ataque físico o emocional, la exclusión, el acoso, la discriminación, la exhibición, la burla, y la descalificación verbal, real o virtual (Nansel *et al.*, 2001). De esta terrible conducta nos ocupamos en el libro que tienen en sus manos.

2.- ¿Es el *bullying* un fenómeno global?

——∞∞——

¿Es el *bullying* un fenómeno sociocultural? ¿Se da sólo en algunos países occidentales como el nuestro o aparece en distintas culturas y en todo el mundo? De acuerdo con Smith *et al.* (2002) y Boehm (2000) el *bullying* es una conducta transcultural que aparece en distintos grados en diversos grupos humanos y que se ha documentado desde hace decenas de años.

Un grupo de investigadores encabezados por Due en 2005, llevó a cabo un estudio transnacional en 28 países de América y Europa, midiendo 12 conductas específicas relacionadas con el *bullying*; los resultados son muy interesantes. En primer lugar encontró que el país donde aparecían menos conductas relacionadas con este problema era Suecia y la nación con más era Lituania. Por otra parte, en 2014, México ocupó el primer lugar de los países de la OCDE en acoso escolar. A pesar de estas variaciones en frecuencia e intensidad, lo que sí podemos concluir es que no existe ni ha existido jamás un país en donde no se dieran estas conductas.

Resulta asombroso, pero es innegable la universalidad del *bullying*; se dan referencias de él tanto en las aulas de África Central como en países asiáticos, casi se podría afirmar que es parte del repertorio conductual de los humanos, y por lo tanto, muestra que los orígenes de esta forma de violencia son ancestrales (Cosmides & Tooby, 2005). Desde luego los factores sociales y avances tecnológicos de la última parte del siglo XX y del siglo XXI, hacen del *bullying* un problema aún más complejo y que recibe mayor atención a partir de los años 70 del siglo pasado (Olweus, 1979). Como nos explica este investigador, los estudios con mayor rigor científico sobre *bullying* comienzan en Escandinavia y Gran Bretaña en esos años. Posteriormente en los 80, Suecia y Noruega se interesan también en el tema y llevan a cabo intensas campañas para su prevención. Los logros que comienzan a tener estos países al bajar los índices de acoso escolar motiva que otras naciones como Finlandia, Irlanda y Japón, se preocupen por combatir este llamado trastorno de conducta (Ross, 2002; Smith & Brain, 2000).

Desde los años 80, la Organización Mundial de la Salud (oms) ha encabezado diversas investigaciones cada cuatro años en niños en edad escolar, para conocer la evolución de este problema. Los datos generados por estas investigaciones indican que el *bullying* existe en prácticamente todos los países del mundo: EE.UU., Canadá, Japón, Australia, Nueva Zelanda, Alemania, Bélgica, Italia, España, Portugal, Francia, Suiza, Inglaterra y Finlandia (Ross, 2002; Smith, Morita, Junger-Tas, Olweus, Catalano, Slee, 1998).

Japón es un ejemplo muy interesante de cómo enfrentar el acoso escolar y desarrollar estrategias para su prevención. Para ellos el *bullying* es el "*ijime*" o la variante del "*shunning*" (un tipo de intimidación que se caracteriza por cómo un grupo de chicos ignora colectivamente a otro). En ese país, entre 1993 y 1995, hubo un incremento en el número de suicidios de niños y adolescentes debido fundamentalmente a la incapacidad de lidiar con estas formas de discriminación entre pares (Morita, Soeda, Soeda & Taki, 1999). Este hecho obligó a las autoridades a poner más atención en este tema, desarrollar estrategias de control y hacer investigación al respecto. El *bullying* no ha desaparecido en ese país (como en ningún otro) pero no ha crecido y el suicidio infantil por estas causas ha disminuido.

Las tasas de acoso escolar en Estados Unidos son más bajas que en Japón pero es considerado también la forma predominante de agresión entre los estudiantes (Ross, 2002). En este país hasta hace unos cuantos años se pensaba (como en México) que sufrir este tipo de agresiones en la escuela era parte del crecimiento y hasta hace relativamente poco tiempo se le presta atención profesional a esta situación (Smith & Brain, 2000).

En Francia en 1997, el Ministro de Educación Nacional, Claude Allègre presentó el Plan Nacional contra la Violencia en la Escuela (Krug, Etienne G. *et al.*, 2003) con el objeto de neutralizar el significativo aumento de la violencia en colegios y liceos de aquel país. Este plan tiene un doble propósito, por una parte desarrollar medidas preventivas y por otra implementar acciones represivas. Esto surge en respuesta al aumento alarmante de la violencia en el ámbito educativo francés desde aquellos años.

En Londres, en 1998 y dado que esta forma de violencia escolar se generaliza por Europa, se celebra la *Conferencia Europea sobre Iniciativas para Combatir la Intimidación en las Escuelas* para definir estrategias comunes. En Gran Bretaña, de acuerdo con una encuesta verificada por Whitney y Smith en 1993, se sabe que una cuarta parte de los alumnos de primaria había padecido algún tipo de agresión durante el trimestre anterior. A través de esta investigación que se encontró que muchos casos de intimidación no se denuncian ni a los padres ni a los profesores por temor a represalias; así como las distintas formas de agresión que sufren los niños: física, verbal, emocional, ahora a través de redes sociales y que se dan especialmente durante la hora del recreo.

Entre 1991 y 1994 el Departament of Education [Departamento de Educación] apoyó una investigación de la Universidad de Sheffield, en Gran Bretaña, para evaluar los métodos empleados en las distintas formas de intervención escolar en la resolución de conflictos. Esta investigación buscaba también ayudar a las escuelas en el desarrollo de un conjunto de medidas que dieran soporte al profesorado en el manejo de este problema. De estas conclusiones hablaremos en capítulos posteriores.

En Irlanda, en 1993, la Organización Irlandesa de Profesores Nacionales (INTO), dio a conocer los resultados de un estudio llevado a cabo por profesores de primaria a escala nacional. Se supo entonces que el 77% de los profesores opinaban que la intimidación se estaba convirtiendo en un grave problema que iba en aumento. Una de las estrategias que diseñaron a partir de entonces a través de la Sociedad Irlandesa para la Prevención de la Crueldad en los Niños (ISPCC) fue crear una línea telefónica llamada *Childline* dirigida a cualquier niño que tenga problemas o se sienta en peligro. Esta línea puede ser usada por cualquier chavito de forma anónima, en cualquier parte del país, para hablar con un consejero voluntario sobre sus problemas. *Childline* actúa sobre el agresor sólo si el niño autoriza hacerlo.

En 1995, la Orden de Malta llevó a cabo un encuentro de jóvenes de toda Irlanda donde elaboraron un estatuto sobre la intimidación, este esfuerzo es muy valioso porque representa los sentimientos de los propios jóvenes contra el *bullying*. Vale la pena revisarlo:

ESTATUTO SOBRE LA INTIMIDACIÓN

· No debe insultarse.
· No debe existir abuso físico.
· No debe haber chismes contra compañeros.
· No se debe criticar.
· Todos deben sentirse respetados.
· Cuando alguien hace algo mal no debe uno reírse de ello.
· Los problemas deben compartirse.
· Debemos todos combatir la intimidación.

(*Conferencia Europea sobre Iniciativas para Combatir la Intimidación en las Escuelas*, Londres, 1998).

Nuestro país ocupa el primer lugar de casos de *bullying* en educación básica, ya que afecta a casi 19 millones de alumnos de primaria y secundaria tanto en escuelas públicas como privadas; esto de acuerdo con una investigación de la Organización para la Cooperación y el Desarrollo Económico (*Estudio Internacional sobre la Enseñanza y el Aprendizaje*, 2013, TALIS por sus siglas en inglés).

El análisis de la OCDE encuentra que el 40.24% de los niños mexicanos declaró haber sido víctima de acoso; 25.35% haber recibido insultos y amenazas por parte de sus compañeros; 17% haber sido golpeado y 44.47% haber sufrido algún episodio de violencia verbal, psicológica, física o a través de las redes sociales (*cyberbullying*).

De acuerdo con cifras de la UNAM y el IPN (Valadez, Blanca, 2014) entre el 60% y 70% de los alumnos de nivel básico han sufrido alguna forma de intimidación.

La Secretaría de Salud estima (Valadez, Blanca, 2014) que el 59% de los suicidios en niños y adolescentes en México, se deben al acoso físico, psicológico y ahora cibernético entre estudiantes. Los problemas de este tipo se concentran en las siguientes entidades: Estado de México, Jalisco, Distrito Federal, Veracruz, Guanajuato, Chihuahua, Nuevo León, Puebla y Tabasco.

Un dato relevante es que de acuerdo con la Encuesta Nacional de Salud (Ensanut) de 2012, la prevalencia de suicidio en adolescentes se incrementó con respecto a la registrada en la Ensanut de 2006, de 1.1% a 2.7%. En la encuesta de 2012 se observa preocupantemente que cada vez a más temprana edad se dan intentos de suicidio: 3.5% de los adolescentes de 13 a 15 años, a diferencia de la encuesta anterior del 2006, donde el porcentaje más alto se registraba en el grupo de 10 a 16 años con un 1.9%. Además las jovencitas mostraron (en comparación con los hombres) más intentos de suicidio en todos los grupos de edad. El *bullying* es un factor que contribuye significativamente con estas cifras.

La Secretaría de Educación Pública de México, en 2011, presentó una guía llamada *¿Cómo construir ambientes protectores?*, donde se explica a maestros y alumnos cómo ubicar a quienes hostigan, intimidan, discriminan, se burlan, ponen apodos, golpean, esconden mochilas u obligan a otros a hacer cosas que no quieren, todas consideradas formas de *bullying*.

José María Martínez, Secretario de la Comisión de Puntos Constitucionales del Senado, dio a conocer en este mismo sentido cifras alarmantes. Durante 2012 murieron al menos cinco mil menores por causas relacionadas con el *bullying*. Por esta razón los legisladores iniciaron en 2013 el debate de una iniciativa de ley que castigue la violencia en las escuelas del país.

De acuerdo con estos datos, a escala nacional existe un registro de 4,201 hombres y 989 mujeres que perdieron la vida en 2012 por acoso escolar. El senador panista habló también de la existencia de una cifra negra sobre el fenómeno, porque muchos familiares de las víctimas niegan los casos y no los denuncian. El aumento en el número de niños y adolescentes que se suicidan o caen en depresión por *bullying*, generó desde aquel año que el Senado discutiera la necesidad de legislar y castigar con severidad a los adultos que permitan la violencia en las escuelas de todo el país.

En este mismo periodo, el Senado mexicano señaló que la participación de los padres de familia para combatir este problema es fundamental, ya que, cuando se detecta un niño abusador, ellos deben dar a entender al hijo que está teniendo actitudes pre-delictivas, y hacerlo consciente de las consecuencias que esto conlleva. El Poder Legislativo ha demandado al Poder Ejecutivo que genere políticas públicas que permitan combatir eficazmente el *bullying* a nivel escolar.

En 2014, el presidente Peña Nieto anunció que presentaría a la Cámara de Senadores una iniciativa de trámite preferente: la Ley para la Protección de Niños, Niñas y Adolescentes, para combatir el *bullying* y proteger a niños migrantes no acompañados. Y así, el 4 de diciembre de 2014, se publicó en el *Diario Oficial de la Federa-*

ción la Ley General de los Derechos de Niñas, Niños y Adolescentes que tiene por objeto garantizar el ejercicio, respeto, protección y promoción de los derechos de niños, niñas y adolescentes.

Sin embargo, a pesar de estas medidas y leyes, el problema del *bullying* continúa siendo de la mayor importancia en nuestro país y no está ni parcialmente atendido. Tanto padres como maestros y la sociedad en general, no tienen claro cuál debe ser el manejo de la intimidación y violencia escolar y no existe una estrategia definida de cómo enfrentar estos frecuentes casos de acoso que se dan en la escuela.

APÉNDICE

Ámbito jurídico del acoso escolar o *bullying**

Desde el punto de vista jurídico, en México por acoso escolar o *bullying* se entiende cualquier forma de maltrato psicológico, verbal o físico que se produce en un ambiente escolar de manera continua y sistemática. Se caracteriza por la manifestación de acciones violentas e intencionales, dañinas y persistentes que se desarrollan a través de actos deliberados. Suele presentarse entre pares, aunque existe un desequilibrio que permite un abuso y dominación del sujeto activo hacia el pasivo (uso de poder).

Si bien esta situación ha existido siempre, en los últimos años, y con la evolución de los derechos del niño, se ha convertido en una problemática que debe ser atendida a fin de garantizar el buen desarrollo de las niñas, niños y jóvenes en edad escolar, pues el infante, al ser una persona que se encuentra en proceso de formación, tiene derechos a una protección que lo mantenga lejos de un contexto de violencia.

---

*Agradezco para la elaboración de este texto, la participación y ayuda del Dr. Bernardino Esparza, profesor titular del Instituto Nacional de Ciencias Penales (Inacipe), dependiente de la UNAM.

En este mismo sentido, en un principio, se comenzaron a desarrollar políticas públicas a fin de erradicar conductas agresivas en entornos familiares y en espacios laborales con el objeto de lograr el desarrollo de la libre personalidad. Hoy en día, estas acciones se han extrapolado al ámbito escolar.

De esta forma, y dentro del marco jurídico del derecho a la educación, se han generado importantes reformas tendientes a ofrecer una formación que parta de un contexto libre de violencia tanto en las familias de los alumnos, como también al interior de la escuela. Lo anterior desde dos principios fundamentales:

1. El fomento al respeto de los derechos humanos, a la integridad de la persona y a la cultura de la legalidad.
2. La estructuración de políticas educativas encausadas a prevenir, detectar y actuar contra el acoso escolar.

Así, a raíz de la reforma constitucional en materia educativa se modificó el artículo 3.º de la Constitución para, entre otras cosas, establecer en el marco jurídico fundamental de México, la importancia de fomentar el aprecio y respeto de la diversidad cultural y la dignidad de la persona. A su vez, y con relación a la anterior reforma, se modificaron algunos artículos de la Ley General de Educación para establecer que la educación en México debe ejercerse bajo un contexto libre de violencia.

Finalmente, y con la promulgación de la Ley General de los Derechos de las Niñas, los Niños y los Adolescentes, publicada en el *Diario Oficial de la Federación* el 4 de diciembre de 2014, se introdujeron en el capítulo "Sobre el derecho a la educación" acciones específicas encausadas a atender una problemática presente en el contexto educativo nacional.

Marco jurídico del acoso escolar

En México, la prevención del acoso escolar, conocido comúnmente como *bullying*, se encuentra reglamentado en el inciso c) de la fracción II del artículo 3.º de la Constitución Política de los Estados Unidos Mexicanos; los artículos 7.º, 8.º, 32 y 33, fracción XV de la Ley General de Educación y finalmente, los artículos 57 y 59 contenidos en el capítulo décimo primero denominado "Del Derecho a la Educación" de la Ley General de los Derechos de las Niñas, los Niños y los Adolescentes.

Así el derecho a la educación es un principio fundamental consagrado en el artículo tercero de la Constitución Política mexicana, el cual refiere que la educación, además de ser laica, gratuita, obligatoria y de calidad, debe estar orientada al buen desarrollo de la convivencia, el respeto de la diversidad cultural y la preservación y promoción de la persona, la integridad de la familia y los ideales de la fraternidad e igualdad de derechos, como lo refiere el inciso c) de la fracción II del citado artículo:

> **Artículo 3.º, Inciso c)** Contribuirá a la mejor convivencia humana, a fin de fortalecer el aprecio y respeto por la diversidad cultural, la dignidad de la persona, la integridad de la familia, la convicción del interés general de la sociedad, los ideales de fraternidad e igualdad de derechos de todos, evitando los privilegios de razas, de religión, de grupos, de sexos o de individuos.

Desde el marco constitucional, se observa que uno de los principios rectores de la educación en México, es el fomento del libre desarrollo de los alumnos a partir de la contribución a una mejor convivencia y a un fortalecimiento del aprecio y respeto de la diversidad cultural. Ello perfila un primer precepto en la enseñanza, que establece la obligación de las distintas instancias de velar por el buen desarrollo de tales principios a través de la cultura de la educación y la prevención de formas de violencia que atenten contra la integridad física o psicológica; tanto de los mismos alumnos al interior de la escuela como hacia otros seres humanos en distintos ámbitos de socialización.

A su vez, la Ley General de Educación, que regula los principios fundamentales contenidos en el artículo 3.º constitucional, refiere en su artículo 7.º fracción VI lo siguiente:

Artículo 7.º La educación que impartan el Estado, sus organismos descentralizados y los particulares con autorización o con reconocimiento de validez oficial de estudios tendrá, además de los fines establecidos en el segundo párrafo del artículo 3o. de la Constitución Política de los Estados Unidos Mexicanos, los siguientes:

VI. Promover el valor de la justicia, de la observancia de la Ley y de la igualdad de los individuos ante ésta, propiciar la cultura de la legalidad, de la paz y la no violencia en cualquier tipo de sus manifestaciones, así como el conocimiento de los Derechos Humanos y el respeto a los mismos.

A su vez el artículo 8.º refiere:

Artículo 8.º El criterio que orientará a la educación que el Estado y sus organismos descentralizados impartan (así como toda la educación preescolar, la primaria, la secundaria, media superior, la normal y demás para la formación de maestros de educación básica que los particulares impartan) se basará en los resultados del progreso científico; luchará contra la ignorancia y sus causas y efectos, las servidumbres, los fanatismos, los prejuicios, la formación de estereotipos, la discriminación y la violencia especialmente la que se ejerce contra las mujeres y niños, debiendo implementar políticas públicas de Estado orientadas a la transversalidad de criterios en los tres órdenes de gobierno.

Y como finalmente lo establece la fracción XV del artículo 33 de la misma Ley, recientemente reformada en 2013 para incluir el contexto del acoso escolar como directriz fundamental para el buen desarrollo de las escuelas en todos los ámbitos educativos:

Artículo 32 Las autoridades educativas tomarán medidas tendientes a establecer condiciones que permitan el ejercicio pleno del derecho a la educación de calidad de cada individuo, una mayor equidad educativa, así como el logro de la efectiva igualdad en oportunidades de acceso y permanencia en los servicios educativos. Dichas medidas estarán dirigidas, de manera preferente, a los grupos y regiones con mayor rezago educativo o que enfrentan condiciones económicas y sociales de desventaja en términos de lo dispuesto en los artículos 7.º y 8.º de esta Ley.

Artículo 33. Para cumplir con lo dispuesto en el artículo anterior, las autoridades educativas en el ámbito de sus respectivas competencias llevarán a cabo las actividades siguientes:

xv. Apoyarán y desarrollarán programas, cursos y actividades que fortalezcan la enseñanza de los padres de familia respecto al valor de la igualdad y solidaridad entre las hijas e hijos, la prevención de la violencia escolar desde el hogar y el respeto a sus maestros.

De la Ley General de Educación se desprende la importancia de generar una convivencia que permita prevenir el acoso escolar, a través de la generación de programas, cursos y actividades que fortalezcan la prevención de la violencia desde la misma enseñanza en el hogar. Pues, tal y como se ha observado, muchas veces los problemas de violencia en la escuela se gestan en la misma problemática familiar del acosador, mismas que son trasladadas al contexto escolar.

3.- ¿La violencia se comporta igual en todo el mundo?

⸺∞∞∞⸺

Vayamos del grado mayor de la violencia, el homicidio, a específicamente las expresiones de conductas antisociales en el mundo. El riesgo de ser asesinado ha sufrido variaciones importantes en lo que va del siglo XXI, dependiendo de a qué lugar del mundo nos refiramos. Sabemos que existen países más violentos que otros, pero no claramente el por qué. Gracias al *Índice de Paz Global 2014*, del Instituto para la Economía y la Paz [*Global Peace Index*], indicador que mide el nivel de paz y la ausencia de violencia de un país o región y que se elabora desde el año 2007; y el Centre for Peace and Conflict Studies, de la Universidad de Sydney, con datos de la Unidad de Inteligencia del semanario británico *The Economist*; podemos conocer estos comportamientos en distintas naciones.

Estos estudios toman en cuenta variables internas como presencia de indicadores de violencia y criminalidad, y también externas, como gasto militar y guerras en las que participa cada país evaluado. De acuerdo con estos datos, la nación más violenta del mundo en 2014, fue Siria, seguida por Afganistán, Sudán del Sur, Irak, Somalia, Sudán, República Centroafricana y así hasta llegar al país menos violento del mundo: Islandia.

GLOBAL PEACE INDEX

NACIONES MÁS VIOLENTAS	
Siria	162 de 162
Afganistán	161 de 162
Sudán del Sur	160 de 162
Irak	159 de 162
Somalia	158 de 162
Sudán	157 de 162
República Centroafricana	156 de 162

México	138 de 162

NACIONES MENOS VIOLENTAS	
Islandia	1 de 162
Dinamarca	2 de 162
Austria	3 de 162
Nueva Zelanda	4 de 162
Suiza	5 de 162
Finlandia	6 de 162
Canadá	7 de 162

http://www.visionofhumanity.org/#/page/indexes/global-peace-index

Por otra parte, de acuerdo con el informe de la ONU en cuanto a las naciones con más homicidios en América Latina, estas son en orden descendente: Honduras, Venezuela, Belice, El Salvador y Guatemala. Un dato interesante es que Chile ocupa el último puesto en la lista, aunque aún no se ha explicado bien a bien las razones de estos comportamientos psicosociales. Precisemos que a nivel mundial la tasa promedio de homicidios es de 6.2 por cada 100,000 habitantes, pero en el sur de África y América Central existen tasas cuatro veces más altas, es decir más de 24 víctimas por cada 100,000 personas. México, de acuerdo con esta investigación, ocupa el lugar noveno de 21 países (solo americanos) con una tasa de asesinatos de 21.5 por cada 100,000.

TASA DE HOMICIDIOS SEGÚN LA ONU (Todo el mundo)

1. Honduras
2. Rusia
3. Filipinas
4. República de Moldavia
5. Tailandia
6. Belice
7. Colombia
8. El Salvador
9. Timor Oriental
10. México
11. Uruguay
12. Costa Rica
13. Chile
14. República Checa
15. Singapur

En este mismo informe de abril de 2014, aparecen los países con menos homicidios del mundo: Mónaco, Liechtenstein, Singapur, Japón, Islandia, Kuwait y Hong Kong.

De acuerdo con la Organización Mundial de la Salud (2014), la investigación más reciente a disposición), no hay buenas noticias para América Latina:

En 2012 (OMS, 2014); 165,617 personas en Latinoamérica y el Caribe fueron asesinadas. De ellas, tres cuartas partes con armas de fuego. La tasa de homicidios regional es de 25 homicidios por 100,000 habitantes. Se trata de una tasa que cuadruplica la del resto del mundo y es el doble de la de los países africanos en desarrollo.

Esta situación varía mucho en nuestro continente:

· Honduras: 103.9 personas por 100,000 habitantes.
· Venezuela: 57.6 personas por 100,000 habitantes.

· Jamaica: 45.1 personas por 100 mil habitantes.

· Belice: 44.7 personas por 100,000 habitantes.

· El Salvador: 43.9 personas por 100,000 habitantes.

México, a pesar de la percepción de ser un país con altos índices de violencia, tiene una tasa de 24 homicidios por 100,000 habitantes.

Los países latinoamericanos con mejores indicadores de acuerdo a la OMS son:

· Antigua y Barbuda: 4.4 por 100,000 habitantes.

· Chile: 4.6 por 100,000 habitantes.

· Cuba: 5 por 100,000 habitantes.

· Argentina: 6 por cada 100,000 habitantes.

· Costa Rica: 8.5 por cada 100,000 habitantes.

A pesar de que estos datos nos muestran grandes tendencias, aún no existe una investigación concluyente sobre cuáles son los estímulos externos, sociales, económicos, psicológicos, etc. que en general o por país hacen disminuir o elevar los índices de la violencia. A pesar de ser una conducta tan atrozmente vieja, los datos resultan aún insuficientes y en México falta mucha investigación al respecto, así como en el resto del mundo.

Y el *bullying*... ¿se comporta igual en todo el mundo?

UNICEF, en el documento *Violencia escolar en América Latina y el Caribe* de 2011, presenta los siguientes resultados:

Argentina

El 66% de los alumnos reportó haber sufrido humillación, hostigamiento o ridiculización en clase durante el 2009 (*Clima, conflictos y violencia en la escuela: un estudio en escuelas secundarias de gestión pública y privada del Área Metropolitana de Buenos Aires,* UNICEF-FLACSO 2010).

Brasil

El 70% de los estudiantes encuestados afirma haber visto al menos una vez a un compañero intimidado en la escuela durante 2009. (*Pesquisa:* Bullying *escolar do Brasil. Relatório Final*, Plan Internacional & R. M. Fischer, 2010).

Bolivia

En el ámbito nacional, cinco de cada 10 estudiantes son víctimas de acoso (Karenka Flores Palacios, 2009).

México

En la primera encuesta nacional: *Exclusión, intolerancia y violencia en escuelas públicas de educación media superior* realizada por la SEP en 2008 se encontró que:

- 54% de los alumnos no quiere tener compañeros enfermos de sida.
- 51.1% prefiere no tener compañeros con alguna discapacidad.
- 52.8% no quiere compañeros varones afeminados.
- 47.7% no quiere indígenas en su salón.

Desde luego un componente importante del acoso escolar tiene que ver con prejuicios, desprecio y rechazo por el otro; por lo tanto estos preocupantes indicadores correlacionan con los altos niveles de *bullying* en nuestro país.

Estas son algunas de las consecuencias de las actitudes discriminatorias de los niños y adolescentes mexicanos:

- 45.2% de las alumnas y 35.7% de los alumnos cree que su vida es un fracaso por haber sido o ser discriminados.
- 30.5% de las mujeres dicen que es preferible morir a ser discriminada.
- 19% de los hombres siente lo mismo al ser segregado.
- 16.8% de las adolescentes han pensado en quitarse la vida.

Vemos aquí que para las mujeres este problema resulta más difícil de llevar que para los hombres, que al parecer pueden compensar psicológicamente mejor el ser segregados.

Europa

Lo que sucede en este continente es muy parecido a lo que sucede en América, esto lo deja en claro el estudio *La diversidad e inclusión en los centros escolares*, realizado por el British Council y cuyos resultados fueron presentados al Parlamento Europeo en 2010. Esta investigación se llevó a cabo en España, Italia, Portugal, Holanda, Bélgica, Alemania y el Reino Unido, entre otros, y en más de 50 colegios europeos, a 4,200 adolescentes entre los 13 y 16 años, pertenecientes a colegios multiculturales.

Los alumnos de colegios europeos piensan que la orientación sexual, las diferencias en la apariencia física y las discapacidades son barreras que impiden la integración en el salón de clases. En 46% de los países encuestados aparece que la orientación sexual es la razón más común por la que los niños se burlan de los demás en los colegios de Europa; la apariencia física (sobrepeso, entre otras): 42%; y la discapacidad: 35%.

Algunos datos interesantes: en Italia 58% de los alumnos se burlan de sus compañeros por su raza, comparado con el 9% de los Países Bajos. El 62% de los alumnos en Malta consideran la intimidación un problema en su escuela comparado con el 15% en España. 37% de los niños ingleses se burlan de otros por su acento en comparación con el 17% en Bélgica.

El *bullying* es pues, un problema generalizado que padecen prácticamente todas las sociedades del mundo.

4.- ¿La riqueza o la pobreza son factores determinantes de la violencia?

En cuanto a la pobreza o la riqueza como factores de riesgo para la violencia, al parecer no existe una diferencia significativa (pero sí una tendencia) con relación a mayores o menores índices, dependiendo del estrato socioeconómico al que se pertenezca. Para variar, los datos no son concluyentes.

De acuerdo con la UNODC, United Nations Office on Drugs and Crime [Oficina de las Naciones Unidas contra las Drogas y el Delito], y como vimos antes, el número de homicidios por 100,000 habitantes varía enormemente para cada una de las subregiones de los distintos continentes. El homicidio ligado a otras actividades criminales ocurre principalmente en América; por lo tanto el asesinato relacionado con la actividad del crimen organizado puede significar una divergencia importante en la tasa de homicidios de cada país.

Por otro lado, las cifras y tendencias en otros tipos de homicidio (en el entorno familiar, o asesinatos pasionales, por ejemplo) son estables, no se han modificado significativamente al paso de los años. Todos los datos de la UNODC confirman, eso sí, una "democratización" del homicidio: de acuerdo con esta evaluación global, este delito se presenta en todas las latitudes, con diferencias país por país, pero en todas las naciones esta forma de violencia extrema está presente. El reporte (también de la UNODC) *Monitoring the Impact of Economic Crisis on Crime* [*Monitoreo del impacto de la crisis económica en el crimen*], refiere que los factores económicos inciden en la evolución de las tendencias criminales. No trato de promover la criminalización de la pobreza, pero de acuerdo con este informe, las dificultades económicas son un caldo de cultivo propicio o una especie de estímulo gatillo que actúa como catalizador de la violencia.

De acuerdo con el investigador español Carlos Vázquez González (2003) en su curso *Factores de riesgo de la conducta delictiva en la infancia y adolescencia*, Facultad de Derecho, COLEX, Madrid, las condiciones de pobreza hacen que ejercer la paternidad apropiadamente sea más difícil y se facilite la aparición de conductas agresivas en los hijos por falta de presencia y tutoría. Los problemas económicos, la marginalidad, hacinamiento, falta de recursos y oportunidades se consideran factores influyentes en el desarrollo de la violencia en la familia. En estas condiciones económicas la paternidad responsable es más difícil de darse, la educación de los hijos resulta más distante y el control y supervisión de los mismos más deficiente.

La familia juega un papel muy importante en la socialización e integración a la comunidad de los niños y adolescentes. La falta de recursos produce situaciones de estrés, carencias afectivas, insuficiente comunicación entre padres e hijos entre otros problemas familiares. En condiciones económicas adversas los padres no pueden supervisar las actividades de sus hijos en el tiempo libre, ya que generalmente están fuera de casa; ni saber de primera mano con quien se relacionan, a quien frecuentan, etc. Desde luego estas disfunciones se pueden dar también en familias de segmentos económicos más altos, pero aún no hay información concluyente (y menos en nuestro país) al respecto.

En la familia actual y por imperativos económicos y de cambio de roles, ambos padres (o en familias monoparentales el padre o la madre) tienen necesidad de trabajar fuera de la casa, los hijos se vuelven tempranamente autónomos y el aprendizaje de la convivencia social se da menos en la casa y más en la escuela y con los amigos. Esta conducta grupal entre jovencitos de la misma edad, que muchos llaman el efecto "manada", puede provocar con facilidad situaciones conflictivas, ya que ninguno de los muchachos que conforman estos conjuntos tiene la madurez ni física ni emocional para resolver problemas de valores y convivencia de una forma respetuosa. Sus conductas impulsivas, al no tener una guía cercana, pueden desembocar en conductas agresivas próximas a la delincuencia juvenil que fácilmente se contagian entre estas pandillas, dependiendo de las preferencias del líder.

En resumen, podríamos afirmar que las clases sociales deprimidas económicamente presentan un mayor número de factores de riesgo que hacen que por acumulación se pueda producir un aumento de las conductas violentas y agresivas. Evans y Cassells (2013) demuestran cómo los bajos ingresos correlacionan con menos supervisión y apoyo en las tareas escolares, más horas de televisión, menos acceso a libros y computadoras, más violencia en el hogar, menos responsabilidad paterna, más autoritarismo, menos seguridad en los barrios, peores controles en las escuelas, menos recursos para el ocio, mayor desempleo. Conger *et al.* (1993) encuentran, y en ello coinciden la mayoría de las investigaciones hechas al respecto, que la agresión y la violencia es superior en niveles socioeconómicos en donde hay mayor desempleo y baja escolaridad. El autor concluye que las familias con contextos deficitarios agreden más a sus hijos y parejas.

McLoyd (1993) hace una extensa revisión sobre las desventajas socioeconómicas y su efecto en el desarrollo infantil. La pobreza aumenta el riesgo de dificultades cognoscitivas, bajo nivel intelectual, bajos logros académicos y aumento en la aparición de problemas emocionales. La mala alimentación juega también un papel fundamental en todo esto.

La falta de educación, de acuerdo con estas investigaciones, hace que los padres tengan menos herramientas para la formación de sus hijos y el maltrato, los golpes, el castigo y la prohibición se vuelven más frecuentes para, en teoría, moldear su conducta. Y este trato produce justamente los efectos contrarios. El niño se vuelve más agresivo y busca en otros ambientes "desquitarse" de estos abusos con los que son o parecen más débiles que él.

Autores como McLoyd (1993), Conger, Elder, Lorenz, Simons y Whitbeck (1993), destacan en estos jovencitos la aparición de problemas externos como hiperactividad, agresividad, impulsividad; tanto como internos: depresión, altos niveles de ansiedad, etc.

En estos mismos estudios se encuentra que una mala relación entre los padres, las peleas, gritos y discusiones contribuyen igualmente al desarrollo de conductas violentas y/o delictivas. Después de estas consideraciones se encuentra una correlación entre el nivel económico bajo y la agresión (Dodge, Pettit y Bates, 1994).

Otro punto que vale la pena destacar es que las colonias o barrios marginales concentran una mayor cantidad de personas sin empleo y con severas dificultades para sobrevivir, esto puede afectar la conducta de los niños que conviven con ellas y se desarrollan presenciando estas situaciones. No olvidemos también que en ciertos contextos sociales, la conducta agresiva puede verse como un atributo muy aprobado, al considerar que ese niño violento es "muy machito" o que la jovencita agresiva tiene "bien puestos los pantalones y no se deja". Rutter *et al.* (1979) concluye que los niños de vecindarios pobres presentan tasas de desórdenes conductuales y emocionales mayores que los que no viven en estas circunstancias.

Por otra parte, los niños de un estatus socioeconómico bajo, buscan más insistentemente ser aceptados y así adquirir una mayor preeminencia y por supuesto tomar poder frente a su comunidad. Al mismo tiempo son víctimas de otros compañeros que los ven como presa fácil por su aparente debilidad (Cindy Miller, LCSW y Cynthia Lowen, 2012).

Los niños marginados, de acuerdo con estas autoras, presentan muy frecuentemente estas conductas:

· Usan la violencia y/o la intimidación para conseguir lo que quieren; habitualmente están involucrados en pleitos y peleas.

· Exhiben conductas socialmente inapropiadas, tienen dificultades para seguir las reglas, muestran poca empatía con los otros, frecuentemente engañan o mienten, no tienen remordimientos o sentimientos de culpa.

· Se rodean de niños que comparten estas características y no encajan bien en la estructura social de la escuela.

· Son más proclives o susceptibles al consumo de drogas y alcohol.

· Con frecuencia son niños que han sufrido de abuso, castigos y violencia física y/o psicológica en casa.

En contraparte algunos niños con un estatus socioeconómico alto, pueden emplear su aparente superioridad para agredir a otros marginados o débiles y si sufren de violencia en su hogar, pueden exhibir también muchas de las conductas de los niños marginados.

Precisando, el *bullying* puede darse principalmente en tres contextos socioeconómicos:

1. *Bullying* en segmentos socioeconómicos bajos: En estos casos hay un componente de búsqueda de aceptación y afirmación así como reproducción de pautas de conducta que muy probablemente ha visto y/o padecido en su casa. El acoso es utilizado como una manera de escalar posiciones en su entorno y ganar poder frente a los otros.

2. *Bullying* en segmentos socioeconómicos altos: Niños que quieren, a través del acoso, demostrar su superioridad y mantener su dominio primeramente económico, a otros ámbitos. Estos niños suelen ser seguros de sí mismos, inteligentes y carismáticos en apariencia. Por ello mismo sus actitudes intimidatorias son más difíciles de detectar por padres y maestros. Son manipuladores y en muchas ocasiones piensan que burlar las reglas es algo di-

vertido para ellos. Estos chicos utilizan conductas intimidatorias menos físicas y más empleando agresiones verbales, ostracismo o esparcimiento de rumores. Estos niños tienden a asociarse con otros que gozan también de popularidad y que "desprecian" o evitan a niños que no pertenecen a su condición de superioridad psicológica o económica.

3. *Bullying* marginal, aparejado con conductas antisociales o explícitamente sociopáticas: Se pueden deber a problemas psicológicos o psiquiátricos, enfermedades mentales, familias disfuncionales en extremo, etc. Ellos representan la parte más fácil de identificar con el *bullying*. Emplean mayormente la violencia física, les resulta muy difícil la empatía con los otros, mienten y engañan con frecuencia y carecen de remordimientos o culpa por hacerlo. Por lo general se rodean de otros niños que no encajan en el entorno social. Pueden pertenecer a cualquier segmento socioeconómico.

Mi objetivo al exponer estos datos, insisto, no es criminalizar a la pobreza, ya que como vemos existen también muchos casos de *bullying* en niños que pertenecen a segmentos socioeconómicos altos. Pero creo que vale la pena revisar cómo los factores que están asociados a los bajos ingresos y la violencia en los hogares, están aumentando el riesgo de conductas agresivas y/o violentas en los niños. Nadie ha dicho aún sobre este tema la última palabra y estamos aportado datos generales. Desde luego, en México nos hace falta aún mucha investigación al respecto.

5.- Hombres y mujeres, niños y niñas, ¿somos igualmente violentos?

De acuerdo con datos estadísticos e investigaciones históricas, podemos afirmar que básicamente el perfil del violento ha cambiado muy poco a lo largo del tiempo, como nos dice Robert Muchembled, profesor de Historia Moderna de la Universidad de París en su libro *Historia de la violencia*, de 2012. En cuanto al género, detallemos: Desde el siglo XIII hasta el XXI son más los hombres violentos que las mujeres, y específicamente los asesinatos los cometen en su mayoría varones en edades que van entre los 20 y los 29. Esta es la estadística ¡en 700 años! La participación de la mujer en conductas criminales ha aumentado, sí, pero el dato global aún no marca tendencia. Las mujeres son actualmente el 10% de los criminales en todo el orbe, dato muy similar al de la Edad Media.

Siguiendo los informes del *International Statistics on Crime and Justice* [*Estadística internacional de criminalidad y justicia*] de la UNODC (United Nations Office on Drugs and Crime): La estadística de homicidios del 2013 (este informe coincide con información del 2012) coloca a los hombres como perpetradores del 95% de los asesinatos. Por lo tanto, las mujeres cometen sólo el 5% de los homicidios a nivel global, con algunas pequeñas diferencias regionales. En América la tasa de mujeres homicidas condenadas es del 4%. Y más de una de cada siete víctimas de homicidio es un hombre joven (15-29 años) también en nuestro continente.

Para algunos autores, las mujeres, por una conducta instintiva ancestral, presentamos una menor proclividad a la agresión física, ya que ésta pone en riesgo la continuidad de la especie, además de que nuestra fuerza física es menor y hemos sido condicionadas desde hace cientos de años y casi universalmente a ser "sumisas, gentiles y delicadas". Recordemos que el llamado "culto a la domesticidad" (sistema prevalente en las clases medias y altas de Estados Unidos y Gran Bretaña, en los siglos XVIII, XIX y que llega con algunas variantes hasta el siglo XX) reforzaba la idea de una femineidad predominantemente "pasiva" y del papel que debía jugar la mujer preferentemente dentro del hogar. De acuerdo con este arquetipo, las "verdaderas mujeres" debían tener cuatro virtudes: piedad, pureza, domesticidad y sumisión. Se suponía que todas las mujeres debían intentar ser así, pero en general, estas maneras predominaban en las familias blancas, protestantes y ricas ya que el prejuicio social impedía que otro tipo de mujeres, de otras etnias y condiciones sociales, alcanzaran ese supuesto ideal. Físicamente, la mujer por excelencia debía ser pequeña, frágil y delicada, por lo tanto era condicionada socialmente para, en lo posible, evitar al menos la violencia física. Poco a poco las cosas fueron cambiando y aún con las modificaciones del modelo femenino, la participación de la mujer en las conductas criminales afortunadamente hoy en día es muy baja. Se han planteado diversas hipótesis pero no hay todavía una respuesta contundente que explique estas diferencias entre sexos.

DIFERENCIAS DE GÉNERO EN EL *BULLYING*

No obstante lo anterior, debemos recordar que niños y niñas compiten entre sí y con sus pares y hermanos para conseguir estatus, amistad y reconocimiento. La preocupación social más importante en la edad escolar es conseguir la aprobación de sus compañeros y lograr pertenencia en su grupo. En la medida que los niños y niñas se acercan a la adolescencia lo importante es, en términos generales, interesarle al sexo opuesto y para ello emplean diversas estrategias.

Los varones comúnmente prefieren establecer su dominio mostrando su fuerza física. Para lograrlo hacen gala de su fortaleza y capacidad corporal para minimizar a sus rivales. Esto lo hacen para hacer notar su superioridad ante otros machos jóvenes como ellos y lograr aceptación y reconocimiento por parte de las niñas. Cuando los niños "bulean", éstas son sus conductas favoritas:

- Golpean.
- Empujan.
- Escupen.
- Dañan objetos de la víctima.
- Llaman a su víctima con nombres denigrantes.
- Fuerzan a la víctima a realizar actos indignos o que no quieren hacer.
- Agreden verbalmente y usan groserías con sus rivales.

Las niñas emplean formas distintas, más indirectas para intimidar:

- Usan lenguaje difamatorio y esparcen rumores.
- Manipulan las situaciones sociales a su conveniencia.
- Utilizan la exclusión social y el aislamiento de la víctima.
- Evitan que la víctima se integre al trabajo en equipo.
- Generan chismes y rumores.
- No invitan a sus acosados a fiestas o paseos extraescolares.
- Dañan la reputación de sus víctimas.
- Practican el *cyberbullying*.
- Muestran información o fotos denigrantes para la víctima (*online*).
- Textean en contra de sus víctimas.
- Dejan mensajes de acoso contra su víctima en los baños o patios de la escuela.

En la mayoría de las encuestas que se han realizado entre niñas y niños en países occidentales, ambos sexos desaprueban o rechazan el *bullying*, pero existe un porcentaje pequeño, pero significativo, que explícitamente lo aprueba y otro grupo aún mayor que dice padecerlo o haberlo padecido. Aparece igualmente un grupo de niños y niñas a los que les resulta indiferente ver que se intimide a algún compañero y prefieren no involucrarse en estos problemas ni decir nada al respecto.

Rigby y Slee (1993) encuentran que 10% de los niños de siete a 14 años son víctimas del *bullying*, mientras que entre las niñas el porcentaje es del 6%. En general todas las diferencias de género encontradas por diversos autores con relación al *bullying* deben de tomarse en cuenta para la evaluación, prevención y remedio de estas conductas tanto para las víctimas como para los victimarios.

6.- ¿Qué otros factores influyen?

Lo que se establece históricamente es que hay elementos determinantes en la moderación de la violencia: la educación, un código moral (cualquiera que éste sea, religioso o no), la presión social y el ejemplo que pueden ejercer sobre los menores las personas de mayor jerarquía familiar, social o experiencia.

La adolescencia es un periodo determinado biológicamente y, al mismo tiempo, remarcado por la civilización para poder ejercer un tutelaje puntual sobre los jóvenes que aún no tienen una maduración emocional suficiente ni un código moral introyectado que les permita refrenar adecuadamente sus impulsos, incluso los asesinos. Desde luego este periodo está determinado por la naturaleza, pero es también una forma de control social de gran utilidad en esta etapa de la vida.

De los siglos XIII al XXI la violencia física extrema, la tortura y la brutalidad, han mostrado en términos generales una tendencia a la baja en todo el mundo (aunque siguen existiendo), y esto tiene que ver con el progresivo monopolio de la violencia por parte del Estado. Con excepción de los periodos de guerra[1], las sociedades occidentales han impulsado fuertemente el "tabú del crimen" y los cuerpos policiacos han asumido el control de las conductas antiso-

---

[1] En este apretado análisis se han dejado de lado las guerras que han sucedido a lo largo de todos los siglos, desde que somos *sapiens*, ya que requieren ser analizadas por separado porque responden no sólo a estos factores sino también a su contexto.

ciales castigando a quienes las cometen; todo ello ha modificado favorablemente esos terribles indicadores.

La mayoría de los jóvenes han asumido la prohibición de matar y sólo una minoría se atreve a desafiarla. El "no matarás" es prácticamente aceptado en todo el mundo occidental y los niños lo van haciendo suyo a lo largo de su desarrollo físico y mental como parte del proceso civilizatorio. Eso es cierto y funciona, pero... como nos recuerda el Dr. Terry Eagleton, (profesor de Teoría Cultural de la Universidad de Manchester, en su inquietante libro *Sobre el mal* del año 2010) es imposible olvidar, tan sólo como ejemplo emblemático, que hace poco más de una década, dos niños de diez años torturaron y mataron a otro menor (de menos de tres) en el norte de Inglaterra (ya hablaremos más adelante de un caso similar en Chihuahua, México, en el 2015). Los niños, nos dice el autor, son unas criaturas a medio socializar de las que se puede esperar a menudo conductas extremadamente salvajes. Basta recordar otro libro perturbador: *El señor de las moscas* de William Golding, donde un grupo de escolares abandonados en una isla desierta no tardan más de una o dos semanas en masacrarse unos a otros. Desde luego, en esta novela las condiciones en las que se da la tragedia son extremas y por lo tanto no comparables con lo que sucede en las aulas de muchas escuelas. Pero... veamos algunos ejemplos de acoso escolar que se han dado recientemente en México: El secretario de Educación del Estado de México, Raymundo Martínez, reconoció que en la entidad dos casos de *bullying* terminaron con la muerte de alumnos, uno en el municipio de Jilotzingo y otro en Atizapán de Zaragoza. Señaló que en ambos casos la Procuraduría General de Justicia del Estado de México (PGJEM) está investigando. El primero de ellos ocurrió en agosto de 2012 en el interior de la primaria "Isidro Fabela" de Jilotepec, en la hora de la clase de educación física, cuando Oswaldo Joaquín presuntamente fue asfixiado en los baños de la escuela porque le dieron su "novatada". Al respecto, el funcionario mexiquense dijo que se apoya a la familia de la víctima para que se hagan los peritajes de nuevo, ya que nadie está aún consignado por los hechos.

Un segundo caso ocurrió el 6 de mayo de 2012 en el interior del salón de clases de la secundaria 574 "Gustavo Baz Prada", cuando un niño, Ricardo, fue baleado por su compañero de nombre Édgar Yoevani, ocasionando su muerte días después en un hospital. Lamentablemente el niño perdió la vida después de haber estado por lo menos cuatro días en estado de coma, dieron a conocer funcionarios del Estado de México.

En julio de 2014, en la escuela secundaria "Carlos Pellicer Cámara", municipio de Emiliano Zapata, Tabasco, ocurrió otro hecho atroz. La víctima era un jovencito con problemas de lento aprendizaje quien fue amarrado de pies y manos con cinta canela para luego meterlo en una jaula. Ahí le colocaron ladrillos en la cabeza. En redes sociales circulan videos de otras agresiones similares contra este niño en el salón de clases. La Procuraduría de la Defensa del Menor y la Familia investigan este caso.

En la Huasteca Potosina, en mayo de 2014, un adolescente fue hospitalizado tras ser agredido por un compañero de clase de la secundaria "Pedro Antonio Santos" de Ciudad Valles, San Luis Potosí. Sonia de Santiago, madre de la víctima de *bullying*, dijo: "Perdió el conocimiento porque cuando se levantó dijo que no sabía ni quién era, ese niño (el agresor) había molestado a varios compañeros antes, pero que no le hacen nada, le tienen miedo, pues". Félix Rodríguez, de 14 años, ingresó al área de Urgencias del Seguro Social. Minutos más tarde se canalizó a Pediatría donde fue internado. Ricardo Gutiérrez, director del IMSS en Ciudad Valles, dijo: "Se le hizo una tomografía, se le pidió una interconsulta precisamente para que lo valore la neurocirujana". Sus padres ya dieron parte al Ministerio Público para iniciar una investigación judicial contra el presunto agresor, quien recibe adiestramiento militarizado en el Pentatlón de la localidad. Durante 2014, la Comisión Estatal de Derechos Humanos había recibido 38 quejas por violencia estudiantil al interior de instituciones educativas de San Luis Potosí.

En mayo de 2014 se difundió en las redes sociales un video en donde una joven de Zacatecas fue acosada por otros tres. La menor fue obligada a arrodillarse y pedir perdón por las "ofensas que causó" por publicar "chismes" en una página de Internet, sin embargo, al no hacerles caso, otra joven identificada como "Andrea" la sujetó del cabello y la tiró al suelo. Uno de los agresores grabó la escena.

A menos de dos días de que un menor muriera en Tamaulipas a causa de las agresiones de sus compañeros, una alumna de la escuela secundaria "Ignacio Zaragoza" ubicada en Chachapa, en el municipio de Amozoc, Puebla, fue agredida por otras estudiantes. La joven recibió un golpe en el cuerpo y luego cayó al suelo donde fue pateada constantemente por sus compañeras, ya que al parecer les molestaba que la menor usara lentes. Esto ocurrió a unos 100 metros del plantel.

Un estudiante de 12 años de la escuela secundaria número siete "Eleazar Gómez", ubicada en Ciudad Victoria, Tamaulipas, fue declarado muerto a las 03:30 horas del pasado martes 20 de mayo de 2014, luego de sufrir un traumatismo craneoencefálico por las lesiones que le causaron sus compañeros de clase tras azotarlo varias veces contra la pared.

También en ese año, Naomi Hernández Macías, fue víctima de agresión por parte de un compañero en una secundaria de Boca del Río, Veracruz. La menor fue golpeada durante varios minutos y arrastrada por todo el salón. Sus compañeros observaron la escena sin defenderla.

En Quintana Roo, una madre denunció que uno de sus hijos era víctima de *bullying* en la primaria "Vicente Guerrero", en el municipio José María Morelos. Cuando la madre fue abordada por los medios de comunicación, intentaba vender un celular para pagar las curaciones de uno de sus hijos de ocho años que a partir de los golpes recibidos presentaba fiebre y hematomas. También dijo que acudió a la escuela para pedir justicia y ayuda, pero los profesores y el director se han negado a atenderla.

No puedo dejar de mencionar un hecho atroz ocurrido en mayo de 2015 en el estado de Chihuahua: cinco menores de edad "jugando al secuestro" asesinaron a un niño de seis años identificado como Christopher Márquez Mora, en la colonia Laderas de San Guillermo, Chihuahua. De acuerdo con el fiscal Sergio Almaraz, el menor se encontraba jugando afuera de su domicilio, cuando los adolescentes, uno de 12 años de edad, dos de 15 y dos niñas de 13, lo invitaron a recoger leña a lo que el pequeño accedió. Ya estando cerca de un arroyo en un lote baldío, los menores decidieron jugar al secuestro amarrando a Christopher de manos y pies, lo golpearon en repetidas ocasiones en el rostro con un palo y piedras, para luego asfixiarlo. Mientras agredían al niño, una de las adolescentes cavó un hoyo donde metieron el cuerpo bocabajo; y para asegurarse de que el niño estaba muerto, otra de las adolescentes lo apuñaló por la espalda. Finalmente sepultaron el cuerpo, colocaron maleza sobre él y los restos de un animal muerto "para no llamar la atención", dijeron.

Finalmente y por no soportar los remordimientos, uno de los adolescentes de 15 años, le confesó a su mamá lo que había ocurrido con Christopher, por lo que esta dio aviso a las autoridades que acudieron al lugar, identificando el cuerpo del niño de seis años. Christopher había sido reportado como desaparecido hacía unos días.

El fiscal, explicó que de acuerdo con la actual legislación, los menores de 12 y 13 años no pueden ser imputados debido a su minoría de edad, aunque explicó que quedarán a disposición del DIF estatal para que determine su situación ante los hechos. Los jóvenes de 15 años también quedaron a disposición del DIF y ellos sí podrían ser sometidos a una acción penal. Los peritos que hallaron el cuerpo de Christopher determinaron que murió a consecuencia de los golpes en el rostro, asfixia y múltiples heridas en la espalda con arma blanca.

Hechos igualmente terribles se producen día tras día en nuestro país y en el orbe. ¿Qué está pasando con la agresividad y falta de empatía de los niños de todo el mundo? ¿Estamos formando asesinos?

En muchos de estos casos podemos observar claramente la aparición del llamado *bandwagon efect* o efecto manada o de arrastre, que consiste básicamente en una especie de contagio emocional y/o conductual que ocasiona que un individuo acepte, haga y colabore con lo que hace la mayoría, sin analizar si son correctas o no estas acciones desde un punto de vista ético o lógico. Este factor se interpone con la capacidad de pensar y tener juicios propios, cosa de por sí difícil durante la adolescencia. Las reacciones de este tipo han sido estudiadas también bajo el nombre de "conductas gregarias" ya que especialmente para un adolescente es importante sentirse aceptado e integrado a un grupo de referencia como parte de su proceso de afirmación e independencia de los adultos. De acuerdo con el biólogo evolucionista W. D. Hamilton (1964) la manada actúa como una unidad que trabaja y se mueve en conjunto y/o siguiendo al líder. Este efecto puede ser contrarrestado por la presencia de adultos que actúen mostrando experiencia y sabiduría para resolver conflictos con los demás. Para los adolescentes y niños es necesaria la presencia de un adulto moderador que permita moldear la conducta de los jóvenes con su ejemplo más que con consignas verbales.

Uno de los afanes más importantes para los humanos es pertenecer a algo o a alguien, y en el caso de los adolescentes este deseo es aún mayor como parte de sus esfuerzos por lograr la autonomía. Al pertenecer a un grupo y establecer relaciones interpersonales se da un aprendizaje social, o sea, adquirimos nuevas conductas por la observación e imitación de los otros. Durante los primeros años los padres y maestros son los modelos básicos a seguir y posteriormente los compañeros se convierten también en "modelos" de conducta (Bandura, 1986). Los adultos, en especial durante esta etapa, debemos impedir que a través del aprendizaje social se incorporen conductas agresivas o violentas. Cualquier niño o jovencito, dada su plasticidad, flexibilidad y maleabilidad cognitiva y emocional, puede convertirse en un acosador, maltratador o hasta asesino por observación y mimetismo de estas conductas en alguno de sus compañeros. Recordemos que entre los 12 y 20 años la vida social se modifica y se centra en sus amigos o "pandillas", la relación con estas personas es un apoyo psicológico para el adolescente y por ello mismo surge la dependencia del grupo. Los chavitos depositan su confianza en personas de alrededor de su misma edad y que enfrentan problemas similares en esta etapa de su vida.

Se sabe que los importantes cambios hormonales que se dan en este periodo inciden en el sistema nervioso central de los jóvenes. En el cerebro se producen modificaciones relevantes por estos factores, especialmente en la corteza frontal. Esta zona es la responsable de planear para el futuro, inhibir conductas, lograr un mayor control sobre nuestros impulsos y tener una mayor autocrítica y conciencia. De los lóbulos frontales depende también el poder hacer dos cosas simultáneamente (por ejemplo: caminar y escuchar música, o cortar la comida y conversar, etc.) y ser capaces de tomar decisiones y hacer evaluaciones rápidas. La velocidad de transmisión de información de las neuronas de esta parte de la corteza es mayor después de la pubertad, ya que se está procesando una gran cantidad de datos. Este proceso se va consolidando por la interacción entre la parte orgánica del individuo, de la que hablamos antes y los estímulos que se reciben del medio ambiente. Un adolescente es un sujeto esencialmente emocional y al terminar este proceso, si se ha dado convenientemente, deberá ser capaz de controlar sus impulsos y privilegiar el uso de la razón (más que la emoción) para resolver problemas de cualquier índole.

Recordemos que miles de millones de fibras nerviosas cruzan nuestro cerebro y se encargan del paso de estímulos y por lo tanto del funcionamiento entre las distintas áreas cerebrales. Las experiencias violentas en la niñez y adolescencia dejan huellas en este entramado que pueden predisponer a las conductas antisociales.

Revisemos un estudio al respecto: Wismer Fries y colaboradores en la Universidad de Wisconsin, en Estados Unidos, examinaron a niños huérfanos que habían recibido una atención deficiente hasta que fueron adoptados. Los investigadores querían saber si el abandono temprano repercutía en su capacidad de integración social. Para ello se midieron los niveles de oxitocina de estos niños (este neurotransmisor tiene relevancia para el establecimiento de relaciones emocionales y aumenta con los contactos táctiles y cariñosos). Lo que se encontró es que en juegos que implicaban caricias, los niños adoptados liberaron menos oxitocina que los del grupo control que habían vivido desde su nacimiento con sus padres. Los neurocientíficos hablan ahora de una ventana temporal crítica durante la cual el cerebro reacciona a determinados estímulos ambientales. La etapa en la que se vive el abandono o maltrato no es por sí sola un factor decisivo, más bien es la duración de la experiencia negativa la que deja huella en el funcionamiento cerebral y posteriormente conductual. Empleando la resonancia magnética se logró igualmente comprobar que algunas conexiones fibrilares de los niños que habían tenido una infancia difícil, mostraban claras diferencias en comparación con las del grupo control. Como vemos en estos ejemplos, las experiencias negativas en la infancia afectan de manera permanente las interconexiones cerebrales. Los maltratos o traumas precoces ocasionan una red neuronal desestructurada o muy densa que puede afectar el desarrollo de una conducta social adecuada. Cuanto más se haya prolongado el sufrimiento psíquico entre los siete y los 13 años de edad serán más marcadas las alteraciones cerebrales y también los trastornos psicológicos. Si las redes neuronales de nuestro cerebro son demasiado tupidas o muy escasas se afecta el desarrollo de una conducta social adecuada.

Stephane de Brito, del Colegio King de Londres, ha estudiado mediante escáneres cerebrales a niños de diez a 13 años que presentaban conductas crueles. Encontró que algunas áreas de la corteza cerebral presentaban un aumento de grosor con una red de conexiones extraordinariamente espesa en comparación con niños de la misma edad que no presentaban conductas crueles. En jóvenes con trastornos antisociales, la corteza cingulada anterior y parte de la zona orbitofrontal presentan un tamaño superior al promedio. Al mismo tiempo la corteza prefrontal tiene una comunicación disminuida con la amígdala. Esta hiper o hipoconectividad podría condicionar un retraso en la maduración cerebral, de acuerdo con los datos de este investigador.

Esto se explica porque durante los dos primeros años de vida se forman en el cerebro humano muchas más conexiones de las que se necesitan, por lo que a medida que crecemos se va dando una depuración de estos excedentes. Es en la pubertad cuando las conexiones innecesarias se eliminan en condiciones normales automáticamente. Ahora se habla de que las experiencias traumáticas en edades tempranas dificultan esta llamada "poda neuronal" con las consecuentes alteraciones conductuales y emocionales de las que hemos hablado.

Esto de ninguna manera quiere decir que a través de una resonancia magnética podamos diagnosticar las conductas antisociales o la sociopatía. Ninguna técnica actual, por avanzada que sea, permite predecir la conducta criminal. Sin embargo, estas correlaciones son indicativas de la importancia de los ambientes familiares seguros y sin abusos psicológicos o físicos para el desarrollo adecuado de los niños.

7.- ¿Todos los animales son violentos entre pares?

⸻

¿Homo homini lupus?

Hoy se trata de precisar si el *bullying* es una conducta específicamente humana o de nuestros ancestros, y especialmente si los simios y otros homínidos también la presentan y la han presentado. Para ello es necesario saber si este tipo de hostigamiento e intimidación está presente en otras especies. Desde luego sólo podemos basarnos en la conducta de los animales para correlacionar ésta con lo que entre humanos llamamos *bullying*, ya que no podemos conocer sus intenciones ni hablar con ellos (cosa muy lamentable) para conocer al detalle sus motivaciones y sentimientos al menospreciar o lastimar al otro; y a esto se han dedicado un buen número de investigadores. Vamos a los datos: con base en observaciones sistemáticas se ha encontrado que muchos animales practican el acoso, y no sólo los humanos o los primates. Ahí van algunas notas interesantes: ratas y ratones intimidan y agreden a sus compañeros especialmente durante su adolescencia (Kinsey *et al.*, 2007; Vidal, Koolhass, 2001). Igualmente se ha encontrado que los agredidos son, a raíz de sufrir este tipo de ataques, más ansiosos y tímidos y presentan incluso cambios bioquímicos cerebrales, cosa de la que hablaremos en detalle más adelante.

Entre nuestros parientes más cercanos, como los babuinos (género de primates a los que pertenece el mandril), el acoso entre pares también está presente. Y este dato es especialmente interesante porque estos simios (mayormente presentes en la África subsahariana) forman sociedades matriarcales donde las hembras son las líderes del grupo. Antes de estas evidencias se pensaba que el acoso era una conducta fundamentalmente del género masculino y que la participación de las hembras en situaciones agresivas o de acoso era muy baja. Sin embargo, al estudiar a estos simios sabemos hoy que las conductas de hostigamiento e intimidación para otros miembros del conjunto se dan frecuentemente, y contra todo pronóstico también entre hembras (Seyfarth, 1976). Desde luego los primates machos habitualmente presentan de forma mayoritaria estas conductas.

En términos generales se considera que los bonobos (simios muy parecidos a los chimpancés, vegetarianos, que llegan a medir hasta un metro de altura) son una especie amistosa y afable. Sin embargo, recientemente (2012) el Instituto Max Planck de Antropología Evolutiva de Leipzig, en Alemania, llevó a cabo una investigación para conocer más a estos animales en el Parque Nacional de Salonga, en la República Democrática del Congo. Los resultados fueron muy interesantes. Igual que en los babuinos, se encontró que no sólo los machos tienen conductas de acoso e intimidantes hacia otros miembros del grupo, sino también las hembras, cosa hasta entonces poco conocida. Gottfried Hohmann (2002) el investigador en jefe de este trabajo señala que estos datos llaman especialmente la atención en cuanto a que las hembras pueden ser activamente hostigadoras y violentas, dato que viene a reforzar la evidencia de que ellas presentan también estas conductas de intimidación.

En los años 70, los trabajos de la destacada primatóloga Jane Goodall (1986) sobre la violencia en los chimpancés (otros de nuestros parientes cercanos de los que se sabe son mucho más agresivos que los bonobos) hicieron pensar que ellos sólo eran agresivos cuando se destruía su hábitat o sufrían alguna forma de maltrato por parte de los humanos. Nuevos estudios en diversas comunidades de chimpancés y también en los cercanos bonobos (como los estudios del antropólogo Ian Gilby, investigador del Instituto Jane Goodall, 1991) señalan que la agresión mortal hacia otros miembros del grupo forma parte del repertorio conductual de los chimpancés, pero no así de los bonobos que pueden agredir, sí... pero jamás matan a los de su misma especie.

Los chimpancés machos habitualmente intimidan, especialmente para eliminar a sus competidores por los favores de la hembra; estas conductas se dan más frecuentemente durante la adolescencia. Como sucede entre los humanos, el paso de la pubertad a la adultez implica que el chimpancé joven deba abrirse paso para destacar dentro del grupo (Jane Goodall, 1986) y lograr un mayor estatus y jerarquía. En esta etapa de su vida los chimpancés son aún pequeños y débiles y desde luego menos atractivos para las hembras por lo que habitualmente son objeto de abusos por parte de los más fuertes y dotados (Sherrow, 2011). O sea, una mayoría de chimpancés adolescentes son intimidados por otros más imponentes y agresivos. Entre los chimpancés y otros primates, el ajustarse a las reglas del grupo, socializar y respetar las jerarquías internas son conductas apreciadas que de no cumplirse generan discriminación y violencia hacia los no integrados hasta que estos se adaptan o de plano se van.

Evidentemente el tipo de intimidación que utilizan los primates tiende a ser gestual, con empujones, soplidos en el rostro, gruñidos y expresiones llenas de desagrado, agresividad y enojo. En el caso de nosotros los humanos el lenguaje aporta una dimensión mayor y terriblemente importante a estas conductas discriminatorias, ya que los insultos, las frases denigrantes, el esparcimiento de rumores, las palabras burlonas y los comentarios humillantes forman parte del repertorio de conductas verbales violentas que utilizan los niños y jóvenes (y desde luego también los adultos) para humillar a los otros. Todo esto hacemos los humanos como otra forma igual de terrible que la violencia física para lastimar a los demás y mostrar nuestra supremacía sobre el distinto o más débil. El lenguaje es pues otra de las armas letales de las que disponemos para dañar.

Finalmente podemos decir que distintas formas de discriminación, agresión y acoso (o todo eso que podríamos llamar proto-*bullying*), están firmemente enraizadas en nuestra naturaleza y han pasado de una especie a otra a través de millones de años. Pero eso no niega la capacidad de empatía y solidaridad que también compartimos con los animales.

El destacado primatólogo Frans de Waal, nos dice que los humanos tendemos a dividir el comportamiento de los seres vivos, nosotros mismos, en bueno y malo. Desde su punto de vista, todos sabemos claramente cuándo estamos actuando mal y cuándo no. Ahora bien, ¿esta noción de lo correcto e incorrecto se puede dar en los humanos y desde luego en los animales, más allá de la ética religiosa?

Lo que el estudio de nuestros compañeros de viaje, los animales, nos muestra, es que la noción del bien y del mal no depende de las creencias religiosas. Los animales presentan conductas que los humanos aprobamos moralmente sin pertenecer a una secta o religión y estos datos sugieren que eso que llamamos moralidad no es una característica exclusivamente humana. El altruismo animal existe y los animales saben también qué está bien y qué está mal. Algunos ejemplos consignados en el libro *El Bonobo y los 10 mandamientos* de Frans de Waall: "Las hembras chimpancés jalan el brazo de chimpancés machos enemistados e intentan reconciliarlos después de una pelea e incluso tratan de quitarles armas de las manos". Para el autor estos son indicios claros de "preocupación comunitaria" por lo que los cimientos de la moralidad son más antiguos que la humanidad y no necesariamente se explican a través de la religión. Los monos capuchinos son capaces de buscar premios o recompensas para otros al compartir su comida o premios tanto en campo como en el laboratorio. En esta misma especie las hembras ancianas que tienen problemas para caminar son ayudadas por las jóvenes que tratan de asistirlas para que puedan integrarse a las actividades del grupo. Estos hechos, entre muchos otros, nos hablan de la empatía animal, que se da no sólo entre los monos, sino también entre los perros, los elefantes y hasta entre los ratones. Me consta (como seguramente a ustedes también y más si tienen gatos o perros) que los mamíferos, todos en general, otorgamos y demandamos afecto. Mis queridas perritas, Alfonsita y Petrushka, se sintonizan con mis emociones en los malos y en los buenos momentos, hecho que siempre me asombra. Eso que llamamos solidaridad requiere que estemos al tanto del otro, que tengamos conciencia de su existencia y que seamos capaces de imaginar sus experiencias gratas o desagradables. Aunque los mamíferos somos los animales más claramente empáticos, las aves también lo son, por extraño que nos parezca. En el Centro de Investigación de Konrad Lorenz se ha encontrado, por ejemplo, que cuando los cuervos machos tienen una pelea espontánea, el corazón de sus parejas (¡son monógamos!) se acelera significativamente al advertirlo. Esto muestra su preocupación por el sufrimiento potencial de su compañero o sea, experimentan el dolor ajeno y esto como vemos se ha podido documentar fisiológicamente.

Algunos reptiles (no sólo mamíferos y aves) también presentan estas conductas empáticas: un bebé caimán al sentirse amenazado comienza a emitir chillidos para llamar a la madre que acude presurosa a salvarlo. Estar con los otros, ayudarlos y cuidar a los necesitados y a nuestras crías son rasgos humanos que compartimos con muchos otros animales. Para de Waall el mono que llevamos dentro no es tan cruel y sanguinario como se nos ha dicho. Muchos biólogos y divulgadores nos han querido vender la idea muy simplificada diciendo que, por ejemplo, los chimpancés son seres agresivos y brutales... Las cosas siempre resultan más

complejas de lo que uno supone. Sí, los primates viven (y nosotros igual) en un mundo tremendamente competitivo que fuerza a
presentar conductas beligerantes que mantengan el poderío, pero
por otro lado se puede contar con la ayuda y la asistencia de los
otros. Es una dualidad compleja pero que nosotros, los humanos,
vivimos en el día a día y conocemos de primera mano. Los animales no somos perfectamente buenos ni absolutamente malos.
Sacar lo mejor de nosotros mismos es la tarea de la socialización.

No todo está perdido, compartimos principalmente con los simios la agresión y la violencia... pero también la compasión, la empatía y el altruismo, que igualmente forman parte del repertorio ancestral de conductas de que disponemos los primates. Hablaremos
de ello más adelante.

Por nuestra esencia hemos creado una cultura que en muchos
momentos tolera la violencia y la muestra como un ejemplo a seguir.
Pero que al mismo tiempo enaltece la compasión y la ayuda a los demás. En medio de esta extraordinaria complejidad conceptual y conductual, en el siglo xxi, los humanos hemos inventado una novedosa
forma de agresión, el *cyberbullying*, capaz de destruir multitudina-
riamente a una persona en unos cuantos instantes y potencialmente para siempre. Parafraseando a Malinovski: una vez en Internet...
siempre en Internet.

Por lo tanto está listo el escenario para que se produzca la "tor-
menta perfecta" para el acoso en las aulas o para que venza el lado
empático de nuestra especie. ¿Quién ganará?

8.- ¿Nacemos o nos hacemos violentos?

—◦◦◦—

Hace apenas unos 160 años el doctor Cesare Lombroso, en Italia, comenzó a buscar una aproximación científica al estudio de los criminales. Él fue el primero en declarar que la violencia reside en nuestros cerebros y esa fue su gran aportación; pero según algunos, esta concepción contenía grandes peligros para la sociedad. El método para la elaboración de su teoría era muy incipiente y con las limitadas herramientas de la época y mucho de antropometría y observación, trató de encontrar las bases anatómicas y biológicas de los llamados "bajos instintos". El mencionado rostro del asesino o rostro "lombrosiano" fue una de sus conclusiones más controvertidas ya que él sostenía que ciertos rasgos faciales podrían determinar si una persona era un criminal o no. Desafortunadamente este tipo de estudios –que ahora sabemos son totalmente erróneos y descabellados– sobre las características físicas o antropomórficas ligadas a la violencia, a la larga dieron como resultado supuestos tan nocivos y oscuros como la superioridad de algunas razas sobre otras y fue, desde luego, parte de la inspiración de Hitler en cuanto a la inferioridad de los judíos y la superioridad aria. La llamada "eugenesia" fue alimentada en buena medida por Lombroso y directamente influyó en la violenta persecución del pueblo judío. Lo trágicamente curioso de todo esto es que Lombroso era judío.

Desde luego hoy sabemos que las características del rostro no son prueba alguna de alteraciones sociopáticas o de personalidad y se trabaja arduamente por encontrar –si es que existen– las bases biológicas y también genéticas de la violencia y aislar este componente de los aspectos sociales que sabemos inciden significativamente en el cuadro. No se necesita ser un experto para saber que aquel que muestra conductas agresivas o incluso violentas en un grupo adquiere un estatus social mayor y dominio sobre posibles competidores al derrotarlos. Y esto ha sucedido y sucede entre los gorilas, las sociedades simples o en la escuela primaria a la vuelta de la esquina. Digamos que la agresión y hacer ostentación de ella es reforzado por muchas sociedades porque resulta una conducta atávica de la preeminencia del más fuerte para garantizar la sobrevivencia del grupo, que es el mandatorio número uno de todas las especies. La educación y la cultura han venido a moderar estas conductas primitivas. Una virtuosa combinación de un cerebro evolucionado y controles sociales ha logrado atemperar medianamente estas actitudes, pero bien a bien no sabemos como producir estas conductas inhibitorias.

Sigmund Freud (1979) en el siglo XIX desarrolló su emblemática teoría sobre Eros, el amor y la vida y Thanatos, ese impulso oscuro y de muerte que nos lleva entre otras cosas a agredir y matar. Años después uno de sus discípulos, el también psicoanalista Erich Fromm (1981), bordando sobre el tema, nos habló de una agresión "normal" que tiene que ver básicamente con el instinto de supervivencia y otra patológica que se relaciona con el poder de uno sobre otro y el placer derivado de la sumisión del de enfrente.

Konrad Lorenz (2010), el destacado austríaco-estadounidense, premio Nobel de Fisiología en 1973, creador de la etología (estudio de la conducta animal), se interesó vivamente en el tema. Para este autor hay un instinto que tienen en común animales y humanos: el instinto de la agresión. La pregunta básica que se plantea en su libro *Sobre la agresión, el pretendido mal* es por qué luchan los seres vivos unos contra otros. De acuerdo con su posición, el deseo de sangre y la crueldad formarían parte del repertorio inevitable de las conductas humanas ya que todas estas pasiones

irracionales –según este autor– son innatas y programadas filogené-
ticamente. El éxito del neo-instintivismo de Lorenz es comprensible
ya que exime de culpabilidad a los humanos. Si somos violentos,
asesinos o torturadores es ¡porque no tenemos escapatoria y vivimos a merced de nuestras bajas pasiones! Y los nacionalismos, el
honor y la dignidad son sólo estímulos gatillo que disparan lo que
traemos dentro para destruir al otro.

Por el otro lado están los que sólo se interesan prioritariamen-
te en estudiar la conducta. De este lado está, claro, el conductis-
mo –teoría cada vez más en desuso y ya prácticamente separada
de la psicología– que en la segunda mitad del siglo xx hizo furor
y logró que al menos una buena parte de los psicólogos de esos
años se olvidaran de los porqués y de las emociones y se ocupa-
ran tan sólo del comportamiento. Del lado de esta concepción del
mundo, la agresión y la violencia serían conductas condicionadas
por estímulos externos y habría que tratar de eliminar esos condicionamientos sociales sin importar mayormente el por qué o
cómo o cuándo se producen.

Como siempre, ahora que conocemos un poco más de nosotros
mismos sabemos que todo es bastante más complejo de lo que parece y que estas teorías monoexplicativas no son suficientes para
descifrar los orígenes de la violencia. Son teorías simplistas que
nada tienen que ver con lo que sabemos ahora; tan sólo un poquito
más sobre el tema.

Pero… ¿Nacemos percibiendo los sentimientos de los otros? ¿O
nos vale un comino lo que sientan los demás cuándo somos niños?
Veamos un ejemplo de cómo surge y se va modelando nuestra empatía (la antítesis de la violencia o agresión), lo podemos ver simplemente en el cunero de cualquier hospital. Si un bebé comienza a llorar
–y esto lo saben bien las enfermeras y las mamás–, pronto el llanto
se generaliza entre todos los recién nacidos. La razón es que en los
primeros meses de vida los humanos no distinguimos entre lo que
nos pasa y lo que le pasa a los otros. Los neonatos son un todo con

el resto del mundo, para ellos aún no hay un yo y un ellos. A los 18 meses los bebés comienzan a ocasionalmente consolar a otro; y entre los dos y los tres años esta conducta se vuelve más clara y frecuente. La aparición de estas conductas obedecen a un correcto desarrollo emocional pero también cognitivo. Conforme vamos madurando neurológicamente nos volvemos capaces de entender la perspectiva de los demás y capaces de consolar.

Este tema del desarrollo de la moralidad (y que nos lleva a las verdaderas raíces del *bullying*) fue estudiado por Jean Piaget y Lawrence Kohlberg (1984) en el siglo xx y se les considera a ambos pioneros en este campo de la investigación psicológica. Para Piaget una conducta considerada socialmente correcta es producto de la madurez y capacidad de reflexión del individuo. Si no se da esta capacidad introspectiva es imposible comprender a los otros.

Siguiendo con este tema, Kohlberg llevó a cabo una serie de estudios (desde 1960 hasta 1980) en las Universidades de Yale y Harvard, para a partir de lo encontrado por Piaget (1997), investigar la capacidad de niños de diez años en adelante para hacer juicios morales. En esta investigación se le planteaban a los escolares participantes diversos problemas que requerían de una respuesta moral y explicar la razón de esta decisión. A partir de este tipo de pruebas, el psicólogo estadounidense definió diversos niveles de desarrollo moral por los que, idealmente, deberíamos atravesar a lo largo de la vida.

NIVELES DE DESARROLLO MORAL

Nivel 1. "Es bueno lo que yo o la autoridad queremos"
Edad: Hasta los diez años
Estar subordinado a una autoridad es correcto. Las respuestas morales se generan por miedo al castigo o búsqueda de una recompensa.

Nivel 2. "Según lo que tú me hagas, yo te hago"

Edad: Hasta los 13 años

Lo justo es lo que me aporta ventajas y me ahorra problemas. El principio básico es "ojo por ojo y diente por diente".

Nivel 3. "Me gustaría mucho ser una buena persona"

Edad: Hasta los 16 años

Es justo lo que fortalece las relaciones interpersonales. La venganza y la revancha no se consideran motivos válidos.

Nivel 4. "La moral está al servicio del sistema social en el que vivo"

Edad: Más de 16 años

Lo justo es cumplir con el deber. Hay que observar las leyes y buscar el bienestar de la sociedad.

Nivel 5. "Justicia democrática universal"

Edad: Más de 20 años

Es justo lo que se decide en forma mayoritaria y más allá de los intereses personales. Los derechos fundamentales como la igualdad, la libertad y el respeto al otro son determinantes para tomar una decisión.

Nivel 6. "La justicia ideal"

Este nivel sólo lo alcanzan personas maduras y éticas que toman decisiones convenientes para el individuo y la sociedad. Se actúa con base en principios morales universales.

De acuerdo con los resultados obtenidos por la aplicación de este tipo de encuestas, el investigador concluye que todas las personas pasamos a lo largo de nuestras vidas por una serie de niveles evolutivos morales. Pero... no todos los individuos alcanzan los niveles superiores. Si no se da en los primeros años de vida una relación o vinculación emocional que permita compenetrarse con el otro (la madre, el padre, el tutor, un hermano, etc.) el niño crecerá con un deficiente desarrollo empático y problemas de socialización.

Cuando el desarrollo de la conciencia moral es adecuado, los niños reconocen fácilmente el dolor ajeno alrededor de los tres años de edad y se entusiasman y son efectivos al tratar de consolar al otro. Recordemos que es en la familia donde el niño aprende el reconocimiento de los demás y consolida sus capacidades empáticas. Los psicólogos que han trabajado en este tema concluyen que los niños necesitan mucho amor y dedicación de los adultos que los acompañan para lograr, primero, un sano sentimiento de autoestima. Si un niño se encuentra contento consigo mismo podrá relacionarse y sentirse a gusto con los demás y no violentarlos, sino comprenderlos.

Para lograr lo anterior los niños necesitan además de amor, reglas claras y al mismo tiempo buenos ejemplos. Igualmente es necesario que en la familia haya un respetuoso intercambio de opiniones entre todos los miembros para conocer y valorar las ideas de los demás y saber discutir los motivos del otro. El filósofo Ernst Cassirer (2010) habla de como la capacidad de darse respuestas a uno mismo y a los otros nos convierte en seres responsables.

En 1995 el psicólogo estadounidense de la Universidad de Harvard, Carl Marci, lanzó el concepto de la "inteligencia emocional"; ahora este mismo autor ha propuesto un nuevo tipo de inteligencia, la social, que entra en juego cuando están en contacto dos o más personas. El tema se ha puesto de moda ahora, pero ya en 1922 Edward Lee Thorndike (Garret, Thorndike, 1975) hablaba de la capacidad que adquirimos los humanos para entender a los demás, tratarlos y relacionarnos con ellos. Pero esta definición era en ese entonces difícil de cuantificar y definir. A partir de 1922 los psicólogos se han afanado por conocer y delinear con precisión de qué manera se establecen las relaciones interpersonales. Lo que actualmente se ha concluido es que quien padece un déficit en su inteligencia social conoce las reglas de convivencia y apoyo al prójimo pero no le importan y no las cumple. Y esta incapacidad no correlaciona con la inteligencia cognitiva. Esto es, una persona puede tener amplios estudios y reconocimientos académicos y no disponer de actitudes solidarias y sensibles para el otro. Llevarse bien con las personas es muy distinto a desempeñar eficientemente una tarea.

En los años 90 del siglo xx diversos psicologos encabezados por Daniel Goleman (Goleman 2009, Goleman *et al.* 2012) definieron los factores que forman parte de la inteligencia social:

1. Capacidad de expresar los propios sentimientos, opiniones y deseos.

2. Capacidad para escuchar a los demás y comprender sus problemas y motivos.

3. Capacidad para respetar los argumentos y críticas de los demás.

4. Actitudes cooperativas que permitan actuar en equipo y atender las necesidades de los demás.

5. Ser capaz de mantener conversaciones en grupo y sostener conversaciones diferenciadas de acuerdo con cada persona o situación.

6. Capacidad para identificar los objetivos y limitaciones propios de los demás.

Una persona socialmente inteligente es capaz de ponerse en los zapatos del otro, actuar en consecuencia y crear un lazo afectivo con otras personas. Actualmente se trata de identificar de qué manera el cerebro, órgano capaz y muy eficiente para la interrelación,

lleva a cabo estos ajustes y demandas. Muchos autores están rela-
cionando la inteligencia social con los mecanismos especulares a
los que nos referimos extensamente en otro capítulo. Desde luego
los factores genéticos inciden también en el desarrollo moral de
los niños. De todo eso nos ocuparemos más adelante.

9.- ¿Todos los adolescentes son violentos?

Es casi un lugar común decir que la adolescencia es una de las etapas más complejas de nuestra existencia; y esto vale para los humanos y para el resto de los animales que nos acompañan en el misterioso viaje de la vida. En ese periodo comprendido entre la infancia y la adultez, los poderosos cambios hormonales que se producen en el organismo generan modificaciones corporales, extraños sentimientos y apetitos insospechados hasta entonces. El joven cerebro se encuentra muy atareado: envía órdenes, las glándulas lo obedecen y trabajan a marchas forzadas, las hormonas se secretan, el cuerpo se transforma y el órgano supremo toma decisiones vitales en cada momento y va preparando aquí y allá el escenario para el gran evento de la reproducción, mandatorio de la especie. La tarea no es sencilla.

Los cambios físicos empiezan a producirse entre los nueve y los 14 años y el final de la adolescencia está marcado (si todo sale bien) por la aparición de la autonomía y la responsabilidad personal y social. En este contexto, cuando todo está en preparación para la edad adulta, los jovencitos no cuentan aún con mecanismos inhibitorios adecuados dada su inmadurez física y mental y en cada momento se da una lucha para ir aprendiendo a controlar sus impulsos, lograr una identidad personal y poder integrarse plenamente a la vida en sociedad. En estos intentos no es difícil que violencia y adolescencia se asocien, la combinación es explosiva y preocupante.

La fase en la que aparecen caracteres sexuales secundarios y se logra la madurez reproductiva se conoce como pubertad. En esta parte de la vida hay una necesidad imperiosa de socializar y compartir experiencias con otros que están sufriendo las mismas experiencias (y este contacto en el siglo XXI puede ser real o virtual), de ahí la importancia de las pandillas y los *chats* como grupos referenciales. El "mejor amigo", en esa edad, es muy importante porque se le pueden hacer confidencias y contar secretos; y el grupo de pertenencia, formado por los pares, es el espacio donde uno se puede poner a prueba, mostrar y competir e ir construyendo una personalidad. El pensamiento abstracto, la conceptualización, las capacidades deductivas, la construcción de planes y escenarios comienzan a darse plenamente alrededor de los 13 años, y en ello los lóbulos frontales del encéfalo juegan un papel muy importante. De ahí las fiestas de iniciación como el "Bar mitzvah" a los 13 años entre los judíos, o las fiestas de 15 años de las chavitas (en un contexto mayormente cristiano católico) que se hacen para proclamar que estas personitas ya son capaces de reproducirse, aprender a controlar sus impulsos y por lo tanto "entrar en sociedad".

En México y en América Latina, en la mayoría de los casos, los adolescentes permanecen en el hogar hasta la adultez y transitan por todo el dificultoso proceso cerca de la familia. En Estados Unidos y en muchos países europeos la partida se da antes (bien sea por acudir a la universidad o por buscar su independencia lejos de los padres). No obstante, prácticamente en cualquier contexto, violencia y adolescencia son conceptos asociados. Los jóvenes presentan de pronto impulsos difíciles de controlar y no cuentan todavía con el repertorio conductual que les permita sortear estas dificultades. Los arrebatos, los berrinches, la agresión y en muchos casos la violencia abierta hacen su aparición en la casa y en la escuela y poco saben padres y maestros de cómo manejar estas situaciones inevitables.

Sin embargo, existen otros puntos de vista. En su gran mayoría los neurocientíficos están de acuerdo en que con el paso del tiempo, el componente genético y los estímulos ambientales van moldeando el cerebro de los adolescentes. Pero existe también fuerte evidencia en cuanto a que las influencias sociales son determinantes en la generación de conductas violentas. Los datos son preocupantes: actualmente la edad en la que se registran más arrestos en Estados Unidos (para la mayoría de los delitos) son los 18 años; los pleitos entre padres e hijos adolescentes se dan un promedio de 20 veces por mes, cifra muy alta que habla de una problemática severa en esta etapa de la relación. En 2004 se llevó a cabo un estudio en Estados Unidos donde se comprobó que los 18 años es la edad durante la que se registran más casos de depresión; además el consumo de drogas, alcohol y el suicidio (la tercera causa de muerte entre jovencitos norteamericanos) alcanzan cifras alarmantes entre los adolescentes de ese país. ¿Será todo esto resultado de un cerebro púber, inmaduro e irresponsable? (National Institute of Mental Health).

Robert Epstein, doctor en psicología por la Universidad de Harvard recientemente publicó su libro *The Case Against Adolescence: Rediscovering the Adult in Every Teen* (Quill Driver Books, 2007). En él propone que las técnicas de imagenología cerebral no necesariamente identifican las causas de las conductas antisociales. Para el autor, la alimentación, la cultura, el entorno social y familiar repercuten directamente en el desarrollo cerebral y por lo tanto en cómo actúan los jóvenes. En sus investigaciones de antropología social encuentra que los adolescentes de muchas culturas en el mundo no atraviesan por ninguna crisis y que sus problemas comienzan al entrar en contacto con el cine, las sociedades y los medios de comunicación occidentales.

Ahí van algunos datos interesantes: en 1991, la antropóloga de la Universidad de Arizona Alice Schlegel y el psicólogo Herbert Barry III, estudiaron a adolescentes de 186 sociedades preindustrializadas. En el 60% de estas sociedades no existía un término para denominar la "adolescencia", los jovencitos pasaban casi todo su tiempo junto a los adultos y sólo una muy pequeña minoría presentaba alguna leve conducta antisocial.

Por su parte, Beatrice Whiting y John Whiting de la Universidad de Harvard reiteran que los problemas emocionales y de conducta de estos adolescentes comienzan cuando entran en contacto con la cultura occidental. Los historiadores El historiador Marc Kleijwegt (autor de *Ancient Youth: The Ambiguity of Youth and the Absence of Adolescence in Greco-Roman Society*) propone que el turbulento periodo al que llamamos adolescencia es un fenómeno nuevo, que no tiene más de un siglo de antigüedad. De acuerdo con todos estos autores, en nuestra cultura los muy jóvenes son infantilizados impidiéndoles su cercanía con los adultos y por lo tanto lograr antes, por imitación, su madurez. Si el "cerebro adolescente" fuera un fenómeno universal, nos dicen, la crisis de la adolescencia se produciría en todas las sociedades del mundo, cosa que como vimos no sucede. Hasta el momento de escribir este libro no existe un solo estudio que establezca una relación causal entre las características del cerebro y los problemas que presentan los adolescentes. Los estudios de neuroimagen establecen una correlación, pero definitivamente no son determinantes.

Numerosas investigaciones muestran cómo la conducta y emociones de una persona cambian la anatomía y la fisiología cerebrales. Un ambiente rico en estimulación produce más conexiones neuronales y el estrés sostenido genera cambios en las neuronas dopaminérgicas. El amor, la risa, lo que comemos, el ejercicio, la meditación y prácticamente cualquier actividad que realizamos cambia constante y/o permanentemente a nuestro cerebro. Pero el dilema, la gran pregunta es: ¿qué fue primero, la gallina o el huevo? Cuando un adolescente está en crisis su cerebro reacciona y se modifica pero... ¿esa es la causa o la expresión del problema?

De acuerdo con esta perspectiva, en nuestras sociedades occidentales los adolescentes lo aprenden casi todo de otros pares, ya que los hemos separado de los adultos que actúan mayormente como figuras de autoridad. Tenga quien tenga la razón lo que sí podemos decir es que una mayor cercanía con nuestros chavos y un ejemplo cercano y responsable podrían ayudar enormemente, al menos, para aminorar la crisis inevitable en este periodo de la vida.

10.- Violencia juvenil, algunos datos

Desde el punto de vista psicológico la adolescencia y la llamada primera juventud constituyen un periodo del desarrollo humano en que la violencia puede mostrarse, según varios autores y si no se toman las medidas necesarias, con más intensidad. Conocer las características de estos comportamientos, (que incluyen el *bullying*) debería ayudar a la generación de políticas públicas y acciones preventivas orientadas a los grupos de edad más vulnerables a esta cuestión. Muchos niños presentan conductas problemáticas desde la edad preescolar que pueden paulatinamente irse agravando hasta llegar a formas más serias de agresión en la pubertad y la adolescencia. Entre 20% y 45% de los varones y entre 47% y 69% de las muchachas que son delincuentes juveniles violentos a la edad de 16 o 17, han sido niños "problema" o niños agresivos durante sus primeros años y esta conducta en una proporción baja pero importante puede persistir durante toda su vida. Un porcentaje de adolescentes que pertenecen a esta categoría continúan teniendo un comportamiento violento hasta la edad adulta, donde tienen en la mayor parte de los casos problemas con la ley y conductas abiertamente delictivas.

La mayoría de los estudios longitudinales en esta población muestran que la agresividad durante la niñez es un factor predictivo de la violencia en la adolescencia y en los primeros años, de la edad adulta. Una variedad de estudios realizados en Estados Unidos muestran que 59% de los jóvenes detenidos por delitos

violentos antes de la edad de 18 años fueron arrestados nuevamente cuando ya eran adultos y 42% de estos delincuentes fueron
procesados por al menos un delito grave, como homicidio, asalto
con violencia o violación.

Estudios llevados a cabo en Cambridge, Inglaterra, encontraron que un tercio de los hombres jóvenes menores de 20 años
culpables de delitos que implicaban violencia fueron nuevamente
procesados entre los 21 y los 40 años de edad, en comparación
con sólo 8% de aquellos no condenados por esa clase de conductas cuando eran adolescentes. En resumen, quienes son más
agresivos durante la niñez, tienden a ser más agresivos en las
siguientes etapas de su vida, aunque los grados que presenten de
violencia en la adultez pueden variar.

En un estudio longitudinal realizado en Pittsburgh, Estados
Unidos, que incluyó a más de 1,500 muchachos estudiados a
los siete, diez y 13 años de edad (Loeber *et al.*), se concluye que
los niños con conductas agresivas persistentes tienden a convertirse en adolescentes que participan en riñas y en pandillas con
propósitos delictivos y posteriormente presentan conductas per-
seguidas por la ley.

Sin embargo, es importante mencionar que la mayoría de los
jóvenes que presentan conductas agresivas eventuales, son "delincuentes circunscritos a la adolescencia". Los resultados de la
Encuesta Nacional de la Juventud realizada en Estados Unidos
(basada en una muestra nacional de jóvenes de 11 a 17 años en
1976, cuyo seguimiento se efectuó hasta que alcanzaron edades
comprendidas entre los 27 y los 33 años) muestra que si bien
una proporción pequeña de los jóvenes siguieron cometiendo
actos delictivos hasta llegar a la edad adulta y más adelante,
unas tres cuartas partes de los jóvenes que habían incurrido en
violencia grave durante la pubertad y niñez, abandonaron estos
comportamientos entre de uno a tres años después de atravesar
este periodo.

Con datos del *informe mundial sobre la violencia y salud* de la OPS/OMS, se encontró que en el año 2000 se produjeron a nivel mundial 199,000 homicidios entre adolescentes (9.2 por 100,000 habitantes). Esto significa que un promedio de 565 niños, adolescentes y adultos jóvenes de diez a 29 años de edad mueren cada día como resultado de la violencia interpersonal. Las tasas de homicidios varían significativamente de acuerdo con la región evaluada y fluctúan entre 0.9 por 100,000 en países de ingresos altos de Europa y algunas partes de Asia y el Pacífico, a 17.6 por 100,000 en África y ¡36.4 por 100,000 (en promedio) en América Latina! En algunos países de América y el Caribe donde se dispone de datos de la OMS, las tasas son todavía más altas; por ejemplo, 84.4 por 100,000 en Colombia y 50.2 por 100,000 en El Salvador, en el Caribe: 41.8 por 100,000 en Puerto Rico. O en la Federación Rusa: 18 por 100,000 y en algunos países de Europa sudoriental; por ejemplo, 28.2 por 100,000 en Albania. Datos muy preocupantes.

Con excepción de Estados Unidos, donde la tasa es de 11,0 por 100,000, la mayor parte de los países con tasas de homicidios juveniles superiores a 10 por 100,000 son países en desarrollo o que experimentan problemas y cambios sociales y económicos de importancia. Los países con tasas bajas de homicidios juveniles suelen estar en Europa occidental; por ejemplo, Francia 0.6 por 100,000; Alemania 0.8 por 100,000 y Reino Unido 0.9 por 100,000 o en Asia, como Japón 0.4 por 100,000.

Como vemos, en varios países europeos se registran menos de 20 homicidios juveniles por año. Otra tendencia señala que las tasas de homicidios juveniles entre las mujeres son sustancialmente inferiores a las de los hombres, lo que indica que el hecho de ser varón es evidentemente un factor de riesgo. La razón entre la tasa de homicidios juveniles masculina y la femenina tiende a ser mayor en los países con tasas altas de población masculina. La variación de la tasa de homicidios femeninos entre los países es considerablemente menor que la variación observada en la tasa masculina.

Para tener un panorama más completo de la violencia entre los jóvenes, los datos sobre los homicidios juveniles deben ser analizados simultáneamente con estudios sobre la llamada violencia "no mortal". Esta integración proporciona una imagen más clara del problema y esta panorámica se relaciona directamente con el fenómeno del *bullying*.

Los datos de la OMS en este rubro también son alarmantes: por cada homicidio juvenil, hay entre 20 y 40 víctimas no mortales de la violencia adolescente. En algunos países, como por ejemplo en Israel, Nueva Zelanda y Nicaragua, la razón es aún mayor. Las tasas de traumatismos no mortales causados por la violencia tienden a aumentar significativamente al promediar la adolescencia y los primeros años de la edad adulta. Una encuesta en hogares de Johannesburgo, Sudáfrica, encontró que 3.5% de las víctimas de violencia tenían 13 o menos años de edad, en comparación con 21.9% de 14 a 21 años y 52.3% de 22 a 35 años de edad. Los estudios realizados en Jamaica, Kenya, Mozambique y varias ciudades de Brasil, Chile, Colombia, Costa Rica, El Salvador y Venezuela también revelan tasas altas de lesiones no mortales provocadas por la violencia entre los adolescentes y los adultos jóvenes.

Los traumatismos no mortales producto de actos violentos entre jovencitos incluyen el uso de puños y pies y de otras armas, como las punzocortantes y otros objetos contundentes para atacar al otro. La participación de los adolescentes en riñas, la intimidación e incluso portar armas de fuego o blancas son conductas de alerta sobre el desencadenamiento de la violencia juvenil. La mayoría de los estudios que examinan estos comportamientos han incluido a alumnos de escuelas primarias y secundarias, que difieren considerablemente de los niños y adolescentes que han dado por concluidos sus estudios o han desertado de la escuela. El involucramiento en pleitos es común en niños en edad escolar en diversas partes del mundo. Alrededor de un tercio de los alumnos aceptan haber participado en pleitos y, en comparación con las niñas, es de dos a tres veces más probable que los varones hayan participado alguna vez en estas disputas. La intimidación es también frecuente entre los niños en edad escolar. En el estudio de comportamientos relacionados con la salud en niños en edad escolar de 27 naciones, se encontró que la mayoría de los niños de 13 años en la generalidad de los países habían llevado a cabo actos de intimidación al menos por algún tiempo.

En psicología, hoy se habla de una "agresividad reactiva" y otra "depredadora". La primera prácticamente todos los seres humanos la hemos experimentado: en un ataque de cólera se presentan conductas explosivas e incontrolables, éstas no son planificadas ni tienen un objetivo claro. Por el contrario, la conducta depredadora conlleva una planificación detallada sobre el ataque y existe un pleno control de lo que se dice y hace para violentar al otro. Todos hemos insultado o hasta dado un empujón en un acceso de ira, pero la agresividad con valencia negativa se ejemplifica bien cuando un escolar prepara el escenario para humillar o golpear a un compañero sin que el perpetrador pierda el control absoluto de la situación.

Los adolescentes, por vivir cambios hormonales y psicológicos están tratando de reafirmarse y buscan su identidad afanosamente y se enfrentan a la autoridad y a sus pares para sentirse individuos y no apéndices de sus padres o tutores. Si estos comportamientos son pasajeros y no buscan dañar a los demás no son necesariamente un problema. Por el contrario, si estas conductas se tornan frecuentes son un dato que nos habla de la necesidad de prestarles atención y evitar problemas mayores.

11.- Cuando no amamos al prójimo como a nosotros mismos

La violencia humana se expresa de muy diversas y aterradoras maneras; la violación, el asesinato, el secuestro, la tortura, el acoso y desde luego también el *bullying*, son formas más o menos graves de ella. Cada una de estas expresiones de falta de empatía con el otro surgen de un nicho sociopsicológico distinto. Pero en todas hay un rasgo común: la falta de capacidad para identificarse con las víctimas y la indiferencia por el sufrimiento del otro. Estas conductas insensibles, sabemos hoy, están directamente relacionadas (junto con otros factores) con una disfunción y/o inmadurez en las áreas prefrontales del cerebro y en el sistema especular, el de las llamadas neuronas espejo, cuya finalidad es, precisamente, hacernos comprender al de enfrente como a nosotros mismos.

Estas células nerviosas fueron descubiertas hace poco más de 20 años y su importancia y existencia apenas comienza a divulgarse a nivel general, aunque hasta hoy estas investigaciones han generado mucha controversia. Ahora sabemos que este tipo de neuronas nos hacen recrear sensaciones y sentimientos mientras observamos cómo las viven otros, como los personajes que salen en el cine o en la televisión; ellas son pues, las madres de la empatía. Comencemos por decir que para nuestro cerebro no hay diferencias entre ficción y realidad y al pasarle algo al otro, nuestro sistema nervioso lo codifica como si nos estuviera sucediendo a nosotros mismos; capacidad asombrosa e impactante. Padecemos los celos de Otelo, el amor imposible de Romeo y Julieta o por las injusticias que sufre la protagonista de alguna telenovela. La esencia del teatro, hacernos sentir algo ajeno como propio se debe a la maravilla de nuestro cerebro.

Hasta hace muy pocos años no se sabía bien a bien por qué afecta tanto a la mayoría de los humanos lo que le pasa al otro. ¿Cuáles son los mecanismos que nos deprimen o alegran al ver estas escenas como si lo sufriéramos o disfrutáramos en carne propia? ¿Acaso el teatro, la televisión, el cine y la sociedad, en un sentido amplio, hubieran existido si nuestros cerebros no respondieran empáticamente a las historias que presenciamos? Las respuestas a todas estas interrogantes tardaron muchos años en encontrarse pero están todas, desde luego, dentro del cerebro.

Cuando rompemos un florero o se nos cae el celular al suelo no sentimos ningún dolor por lo que están "padeciendo" esos objetos destruidos y eso es normal. Al parecer las personas con conductas antisociales que torturan, vejan o eliminan a otro ser humano tienen el mismo desapego por los seres vivos que los empáticos con los objetos. Eso es atroz, pero sucede y sólo así es como comenzamos a entender qué pasa por la cabeza de un torturador o de un sicario. Todo el complejo mecanismo de las neuronas espejo en ellos no funciona.

El descubrimiento de las neuronas espejo se dio en Italia, en la bella ciudad de Parma. Ahí un grupo de neurocientíficos encabezados por Giacomo Rizzolatti (2006) fue el primero en descubrir este prodigio. Estos investigadores estaban en esos años, los 90, trabajando con una especie de monos, los *Macaca nemestrina* (que por cierto en sus características cerebrales se parecen bastante a nosotros) para precisar cómo se generaban sus respuestas motoras a nivel cortical.

Desde luego nuestra parte más evolucionada, la corteza cerebral, es más grande en nosotros que en ellos, pero en términos generales los neuroanatomistas están de acuerdo en que entre la estructura de nuestra neocorteza y la de nuestros primos simiescos no existen grandes diferencias. En síntesis, podemos decir que estos investigadores estaban interesados en conocer más sobre las funciones corticales premotoras, encargadas de planear, seleccionar y ejecutar acciones como tomar un objeto, soltarlo, llevar comida a la boca, etc. Los macacos y los humanos realizamos centenares de movimientos de este tipo en nuestra vida y justo por ello Rizzolatti estaba investigando a profundidad estas zonas para encontrar así alguna forma de ayudar a personas con alteraciones en el movimiento. Uno de los monos con los que trabajaban estaba sentado esperando que le presentaran la siguiente tarea a realizar mientras le registraban la actividad de sólo una de sus neuronas motoras, al tiempo que le facilitaban tomar pedacitos de comida, de tal suerte que los investigadores pudieran medir la respuesta individual de la neurona a tales acciones. Para ello el simio estaba conectado con electrodos a una computadora cuando... de pronto, uno de los neurocientíficos ahí presente hizo un movimiento (se dice que comenzó a comer un rico *gelato*) y esa acción observada por el mono inició una actividad neuronal en el macaco como si él mismo estuviera disfrutando de la golosina. ¿Cómo podía suceder esto si el animal no se había movido? Al principio pensaron que era un error de medición o problemas en el equipo, pero comprobaron una y otra vez que todo funcionaba bien y que las reacciones de la neurona ocurrían cada vez que el investigador repetía el movimiento de comer el helado mientras el antojadizo mono lo observaba. En ese momento, las neuronas espejo habían sido encontradas y como muchos otros grandes descubrimientos éste se dio por casualidad. Habían encontrado que las neuronas motoras respondían cuando el mono tenía la percepción del movimiento del otro.

Años después de esta crucial escena en aquel laboratorio italiano, sabemos que el 20% de las células nerviosas de la zona premotora del cerebro conocida como F5, son neuronas espejo, y que los humanos tenemos células nerviosas de este tipo en las regiones parietal inferior y frontal inferior del cerebro. Este descubrimiento al parecer prueba que quien observa, responde como si llevara a cabo la acción observada pero sin actuarla. Estas neuronas imitan como copiando la acción del otro o la reflejan como si la estuvieran haciendo. De ahí su nombre, *mirror neurons* o neuronas espejo. Conocemos ahora también que estas estructuras cerebrales podrían jugar, por lo tanto, un importante papel dentro de las capacidades necesarias para la vida social, como la simpatía, la compasión, la identificación, o sea, la capacidad de ponerse en el lugar de otro, y la imitación. Seguramente los grandes imitadores (como mi querido hermano Raúl Vale) tienen mecanismos especulares superdesarrollados, por ello son capaces de ser o parecerse momentáneamente a otros. Muchos científicos consideran que la neurona espejo es uno de los más importantes descubrimientos de las neurociencias de las últimas décadas, ya que estas células resultan decisivas para comprender las acciones y sentimientos de otras personas, y para conocer cómo se da la adquisición de nuevas habilidades por imitación.

Desde luego, para la criminología, estas células nerviosas han abierto un nuevo campo de estudio en cuanto a los mecanismos cerebrales que se dan en las conductas violentas o en el autismo. Giacomo Rizzolatti, por esta enorme aportación al conocimiento del ser humano, ha recibido numerosas distinciones, entre ellas el premio Príncipe de Asturias en 2011. Algunos neurocientíficos ponen en duda estos descubrimientos y existen grupos de investigadores a favor y menos en contra, cosa que generalmente sucede cuando se da una aportación de esta importancia, pero al menos desde mi punto de vista y si le hace justicia la vida (cosa que muy pocas veces sucede) debería de ser galardonado con el premio Nobel de Medicina. Veremos...

12.- ¿La violencia está en los genes?

Desde la segunda mitad del siglo XX, el ADN se volvió un término popular hasta en las series de televisión. En *CSI*, *Criminal Minds* o *Law & Order: Special Victims Unit* se mencionan a menudo las "pruebas de ADN" sin que muchos entendamos bien a bien dónde está, para qué sirve y qué es esta estructura.

El ácido desoxirribonucleico (ADN) es, como dice su nombre, un ácido que se encuentra en el núcleo de todas y cada una de las células de nuestro cuerpo. El ahora tan popular ADN, es el manual de instrucciones genéticas para la construcción y funcionamiento de todo nuestro organismo. Todos los seres vivos tenemos ADN y algunos misteriosos virus (que no sabemos bien a bien qué demonios son) también.

El ADN está dispuesto dentro de las células en unas estructuras, (hagan de cuenta como contenedores) a los que se conoce como cromosomas. Y dentro de ellos se encuentran los genes. Cada gen es una unidad de información que sirve para construir, determinar o marcar el funcionamiento de alguna parte de nuestro organismo; pero cada gen no actúa solo, sino que forma parte de un equipo, por lo que hablar del "gen de la agresión" o el "gen de la inteligencia" es desconocer el complejo entramado necesario para determinar una conducta o una función. Como vemos, en el núcleo celular hay una gran número de genes unidos por sus extremos para formar moléculas de doble hélice que forman esa estructura helicoidal con la que popularmente se identifica al ADN. Desde luego los genes se transmiten a través de la unión del óvulo y del espermatozoide, que por supuesto tienen, como cualquier otra célula, ADN, y cada uno aporta su mitad para construir un nuevo humano; por lo tanto se les considera también como las unidades básicas de la herencia. Aunque resulte asombroso, cada uno de nosotros comparte con los otros miles de millones de humanos que habitamos la Tierra, el 99.99% del contenido genético, y sólo nos hace diferentes a unos de otros el 0.01%, que es el porcentaje que lo diferencia a usted de Einstein, Mozart, el Chapo o Hannibal Lecter.

Cuando hablamos del "genoma humano" nos referimos a la totalidad de genes de un organismo. Cada organismo vivo tiene un genoma diferente que varía en tamaño. Las células humanas (tenemos alrededor de 100 billones de ellas en nuestro cuerpo) contienen 46 cromosomas dispuestos en 23 pares. Por ejemplo, un sencillo grano de arroz tiene alrededor de 46,000 genes. Nosotros los humanos, dentro de los cromosomas de nuestro cuerpo tenemos actualmente identificados alrededor de 26,383 genes, cantidad que se logró determinar hasta que se decodificó el genoma humano.

En la medida que ha avanzado la investigación genética, se ha descubierto que ciertos genes resultan asociados a alteraciones en sustancias o enzimas que modifican el equilibrio de los neurotransmisores del cerebro (hay más de un centenar de ellos), que son los químicos cerebrales esenciales para que funcione nuestro sistema nervioso central, ya que su trabajo básicamente es transmitir información de una neurona a otra. Conforme cambian los niveles de los neurotransmisores en nuestro cerebro, cambian también nuestras capacidades cognoscitivas, nuestras emociones, estado de ánimo y conducta. Por ejemplo, los populares antidepresivos descubiertos en el último tramo del siglo xx, son esencialmente modificadores de los niveles de ciertos neurotransmisores (como la serotonina) que ayudan a mejorar estados depresivos.

Por lo tanto, los genes influyen en los niveles cerebrales de estos químicos, que son capaces entre otras muchas cosas de producir pensamientos agresivos, violencia y sus correlatos conductuales. Pongamos algunos ejemplos: cuando suben los niveles del neurotransmisor dopamina en animales de experimentación, aumentan sus conductas agresivas y cuando estos niveles bajan, disminuye también esta agresividad. Por otra parte, niveles bajos de serotonina producen una exagerada reacción emocional ante estímulos aparentemente inocuos. Hoy en día, se puede decir que niveles altos de dopamina y bajos de serotonina, provocados en alguna medida por factores genéticos, inciden en la generación de conductas más violentas y bajo control de impulsos. Sobre la serotonina se conoce un poco más, ya que está relacionada, como decíamos antes, con la depresión, y gracias a ello sabemos que este neurotransmisor actúa determinantemente en la corteza frontal, parte del cerebro con una relevancia decisiva en la regulación de la agresividad, como veremos más adelante.

Desde luego queda un largo y sinuoso camino por recorrer sobre la neuroquímica de la violencia, pero ya estamos en ese sendero. El estudio del genoma humano nos muestra que la tarea es difícil, ya que somos seres extraordinariamente complejos. Ahora sabemos, por ejemplo, que tenemos casi 30,000 genes en nuestro organismo y aún no conocemos con precisión cómo cada uno de ellos, y en conjunto, repercuten en nuestro funcionamiento y conducta. Desde luego es innegable también que una educación rica en estímulos, llena de amor, aceptación y cuidados seguramente daría como resultado una conducta mejor adaptada, más altruista y solidaria, a pesar de la condena genética. La peligrosa combinación de genes inconvenientes, disfunciones cerebrales, ambiente hostil y deficiente educación da como resultado individuos con propensión al delito.

Poco se ha trabajado sobre esto en México, donde la ola de violencia que hemos vivido a lo largo de estos últimos años, nos debería invitar a reflexionar e investigar seriamente sobre la necesidad de modificar lo que podamos modificar en cuanto a los factores que mencioné antes (y seguramente otros más) y hacerlo a la brevedad si es que queremos, al menos, desactivar los detonantes culturales y sociales que favorecen la agresión. Me atrevería a considerar la violencia como un problema de salud pública. No sé si estamos a tiempo de luchar, al menos, para paliar el problema, pero sé que debemos intentarlo.

Revisemos algunas investigaciones emblemáticas al respecto:

En 1993, Brunner y colaboradores publicaron en la revista *Science* (y posteriormente mostraron avances de la investigación en 2002), el estudio de una familia holandesa, en la que varios miembros masculinos eran afectados por un síndrome de retardo mental fronterizo y conducta violenta persistente. Su comportamiento incluía crisis de agresión, incendios intencionales (piromanía), intentos de violación y exhibicionismo. Estas personas eran ocho individuos con lazos sanguíneos, de distintas edades y que habían vivido en diferentes épocas y lugares del país. El análisis de su orina mostró una alteración significativa en el metabolismo de los monoaminas (MAO) producida por una mutación en el gene productor de la MAO-A. Esta enzima, la MAO, actúa sobre tres neurotransmisores muy importantes para el funcionamiento de nuestro cerebro (y que están relacionados con el control de impulsos y los niveles de atención, entre otras funciones cognitivas): la dopamina, la serotonina y la noradrenalina. Vale la pena precisar que en los humanos existen dos tipos de MAO, la A y la B, y en la familia en cuestión, las alteraciones se encontraron en la de tipo A. Esta investigación concluye que los niños que presentan modificaciones en esta sustancia, tienen mayores probabilidades de mostrar conductas violentas, que los investigadores califican como "anormales". El bajo cociente intelectual de esta familia es un dato importante que viene a corroborar que la baja inteligencia es un factor de riesgo para las conductas criminales y violentas.

Por otra parte Olivier Cases y colaboradores del Centre Universitaire Orsay (1995), estudiaban en ratones el efecto del gen interferón Beta en el desarrollo del virus del sida. El gen viral se introducía en la misma región cromosómica del gen MAO, del que hablábamos antes. Estos ratones transgénicos mostraron una conducta significativamente más agresiva que el grupo control. La determinación de los niveles de serotonina en el cerebro de los ratones sujetos de la investigación, mostró que tenían siete veces más de este neurotransmisor que los animales control de la misma edad.

El gen de la MAO-A se encuentra en el cromosoma x de los machos (los cromosomas integran el ADN que contiene la mayor parte de la información genética de una persona) por ello para investigar más el papel del sexo en la agresión, los autores produjeron hembras con el mismo defecto genético de los machos, y lo que encontraron es que ellas, si bien mostraban una conducta diferente a sus congéneres controles, no se herían unas a otras, ni mucho menos se mataban.

Los ratones transgénicos tenían además cambios estructurales en el cerebro. El área somato-sensorial perdía la estructura citológica de las columnas corticales. Cuando a los ratones agresivos se les trató con drogas que inhiben la serotonina, se recuperó la estructura normal de esta región cerebral al mismo tiempo que disminuían las conductas agresivas.

Así también Nelson y colaboradores del Massachussets General Hospital, junto con investigadores de la Johns Hopkins University, en una publicación de *Nature* de noviembre de 1995, encuentran que ratones mutantes, a los que se les había inducido una inadecuada síntesis de óxido nítrico (en el cerebro el ON asume el papel de un neurotransmisor), mostraban altos niveles de agresividad. Nuevamente las conductas violentas no se observaron nunca con la misma intensidad en las hembras que en los machos, donde siempre era mayor. Igualmente la conducta sexual de los machos se volvió mucho más activa que la de los ratones control y que la de las hembras. Un hecho importante que comprueba el hallazgo anterior, es la observación de que una inhibición farmacológica de la "sintetasa" del óxido nítrico neuronal también aumenta la agresividad en los ratones, aunque no sean mutantes. Estos datos, a manera de ejemplo, nos muestran que la agresividad está relacionada no con un gen, sino seguramente con una variedad de ellos que determinan cambios en una diversidad de neurotransmisores cerebrales. Desde luego, por aspectos genéticos, vemos que el sexo determina en buena medida la intensidad de las conductas violentas.

Otros genes se han asociado también al comportamiento impulsivo que está muy relacionado con las conductas violentas; uno de ellos es el 5-HT (5-HTT). Este gen muestra dos alelos diferentes (un alelo es cada una de las distintas formas que puede tener un mismo gen y que pueden traducirse en modificaciones en su función) y estos cambios pueden producir diferencias en ciertas características heredadas como la estatura, el color de los ojos o el grupo sanguíneo, entre otros. La gran mayoría de los mamíferos somos diploides, o sea, tenemos dos juegos de cromosomas, uno procedente del padre y el otro de la madre y cada par de alelos se ubica en el mismo lugar del cromosoma, y aparecen como uno corto y otro largo.

El alelo corto del 5-HTT se ha asociado a una sobre respuesta al estrés. Al parecer un buen funcionamiento del sistema serotoninérgico es imprescindible para un adecuado control de los impulsos y la ansiedad, y varios genes que inciden en la regulación de este sistema tienen un papel importante en comportamientos agresivos, violentos o impulsivos como los mencionados: 5-HTT, la MAO-A o el gen que codifica el triptófano hidroxilasa, TPH1.

En la agresión que puede darse en la enfermedad de Alzheimer, se ha encontrado una relación entre los comportamientos violentos y algunos genes que intervienen en el sistema dopaminérgico, en concreto el DRD1. En resumen, hay ciertos genes que intervienen en el comportamiento antisocial, pero su influencia hasta donde se sabe hoy es moderada, e incapaz de explicar por sí sola las conductas violentas.

Adrián Raine (2013), resume los problemas que dificultan a la perspectiva genética una relación causal con la conducta antisocial:

Los genes codifican proteínas y enzimas e influyen los procesos fisiológicos cerebrales que podrían predisponer biológicamente para determinar conductas agresivas, pero no es posible pensar en un solo gen codificando la proclividad a las conductas delictivas, como tampoco es imaginable que de un solo gen dependieran otras conductas humanas complejas. Es probable que existan múltiples genes que incidan en nuestra capacidad para la violencia. En cómo somos y en nuestras conductas influyen aspectos biológicos, neurológicos, psicológicos y neuroquímicos. La conducta criminal, como todas las conductas humanas es producto de la combinación entre aspectos heredados y adquiridos. Seguramente existe una predisposición orgánica que puede influir en los parámetros sociales, pero la predisposición hereditaria resulta de la interacción combinada de varios genes, algunos activando y otros inhibiendo diversos circuitos cerebrales.

La violencia puede verse facilitada por los genes, sí, pero también por el entorno, es una desafortunada combinación de factores la que la produce. Por lo tanto el *bullying* como una conducta agresiva compleja, se genera por una gran cantidad de elementos que interactúan simultáneamente. Puede existir una predisposición biológica pero siempre podrá ser exacerbada o moderada por los factores psicológicos y sociales. Más aún, la posibilidad de "heredar" la conducta criminal en gemelos monocigotos es de un 50%, por lo tanto, el otro 50% depende de factores psico-socio-culturales. Finalmente, resolver la gran mayoría de los casos del *bullying* está en nuestras manos.

13.- Agresividad... ¿condena genética o libre albedrío?

Actualmente y gracias a los avances de la tecnología que permiten estudiar más y mejor a nuestros organismos, existe una perspectiva biológica que define los trastornos del comportamiento social como derivados de los trastornos genéticos u orgánicos.

Al depender totalmente nuestra conducta de factores biológicos, esta propuesta deja con pocas herramientas para resolver los problemas de violencia infantil o juvenil a los psicólogos o pedagogos. Si un niño comete *bullying* o lastima a otro está determinado desde su nacimiento, poco se podrá hacer para modificar o eliminar estas conductas. Quizá lo único factible para ayudar a estos jovencitos, será la utilización de medicamentos con impredecibles resultados y efectos secundarios, ya que según esta teoría, los altos niveles de agresividad están tatuados en el ADN humano.

La perspectiva psicológica y la social, se enfocan más al estudio de los trastornos de la personalidad y otras psicopatologías o problemas ambientales como causas eficientes de las conductas violentas. El componente social se concentra más en los problemas del entorno durante la niñez y adolescencia para explicar estas maneras agresivas.

Abundando en la perspectiva biológica, comencemos por decir que hoy la genética molecular y conductual se interesa en demostrar que muchas conductas, sanas o enfermas, tienen claramente una base genética. Los genes, sabemos hoy, moldean en buena medida el funcionamiento de nuestro cuerpo e influyen y en algunos casos determinan nuestra conducta. Un autor que ha aportado mucho en este tema es Richard Dawkins, que en el ya lejano 1976 publicó un libro muy controvertido en su momento: *El gen egoísta*. Dawkins, al mismo tiempo que reconoce la influencia decisiva de los genes en nuestro organismo, se opone al determinismo genético, y aunque reconoce que los seres humanos estamos básicamente definidos por nuestro ADN (un gran libro de instrucciones para la vida contenido en cada una de nuestras células) y los genes son los que perviven usándonos como vehículos, propone que no estamos absolutamente controlados por ellos, ni somos sus esclavos. Por ejemplo, cita el autor, cada vez que usamos métodos anticonceptivos vamos en contra del imperativo genético que nos obliga a reproducirnos y perpetuarnos; a pesar de ello somos capaces de modificar nuestro comportamiento y evitar la reproducción de acuerdo con nuestros propios intereses, no sólo a los del malvado gen egoísta. Y este es tan sólo un ejemplo de nuestra capacidad de decisión más allá de los condicionamientos biológicos.

Nuestros genes, por ejemplo, definen de qué color son nuestros ojos, o nuestra capacidad pulmonar para correr un maratón, pero nosotros decidimos el número de hijos que queremos tener o si queremos participar en una carrera o no. Los genes influyen, facilitan o dificultan, pero no dominan todos nuestros actos. Si en los animales (que cuentan con una corteza cerebral menos compleja que la nuestra) los genes obligan a perpetuar la especie y necesitan pasar de un organismo a otro a costa de lo que sea, en los humanos las cosas, gracias a nuestro desarrollo neuronal, son bastante distintas. Tenemos una capacidad cortical suficiente para reprimir o inhibir nuestros impulsos, lo que nos da la cooperación social, el altruismo y el desinterés entre otras cosas.

En los últimos años se ha dado un avance espectacular en el estudio de la genética del comportamiento y por lo tanto en la investigación de las raíces genéticas de la agresión. Una gran cantidad de estudios en perros, monos, ratones, ratas, hasta en peces cebra y desde luego en humanos, han tratado de conocer más sobre la determinación genética en conductas tan complejas como la violencia.

En este punto vale la pena reiterar algo que ya hemos mencionado en este libro, la agresión se expresa y evalúa en las sociedades occidentales de muy diversas maneras. Hay que señalar que en ocasiones se habla de ella hasta en términos positivos (cuando sugerimos que un vendedor debe ser más "agresivo" para cerrar un negocio, o que a tal o cual persona le falta "agresividad" para conseguir lo que quiere, o... el colmo, cuando le decimos a nuestro hijo que "no se deje" de sus compañeros), en el fondo estamos valorando las conductas agresivas. Pero en otros momentos, aunque comúnmente condenamos específicamente estas maneras, podemos llegar a ser agresivos y hasta violentos, incluso frente a nuestros hijos. En muchas ocasiones enviamos dobles mensajes y esto confunde a los niños y adolescentes que necesitan conceptos claros y una estructura sólida en cuanto a valores y pautas de comportamiento. El *bullying* como una forma más de acoso, intimidación y violencia es una conducta por lo tanto extraordinariamente compleja. Tomando en cuenta todo lo anterior, los investigadores difícilmente podrían estudiar, al menos con los métodos actuales, la genética de un fenotipo tan complejo y mal definido.

Tratemos de ponernos de acuerdo antes de continuar, al menos, en la definición de lo que estamos estudiando: una conducta agresiva es aquella que conlleva un comportamiento que intencionalmente produce daño físico y/o psicológico a otra persona. A pesar de esta sencilla definición operacional, las cosas se complican más, porque estos actos pueden ser premeditados o impulsivos, producto de una enfermedad mental o realizados por una persona mentalmente sana. ¿El supuesto gen de la agresividad actuaría igual en todos los casos o sólo en determinadas ocasiones? Muchos estudios en niños adoptados, en gemelos homocigóticos y/o heterocigóticos vienen a mostrarnos la validez de los tres factores que actúan sobre la agresividad humana: el psicológico, el social y la predisposición genética, (con consecuencias al parecer orgánicas) como elementos determinantes de la conducta violenta.

En estudios en niños adoptados de acuerdo con la revisión que hace Adrian Raine (*The Anatomy of Violence: The Biological Roots of Crime* de 2013), los niños cuyos padres biológicos han presentado conductas criminales y que fueron adoptados por padres no criminales, tienen una mayor proclividad a las conductas delictivas que los adoptados hijos de padres no criminales; tendencia que muestran los resultados de las investigaciones de varios autores.

En el caso de los gemelos idénticos o monocigóticos (son el resultado de la fecundación de un óvulo por un espermatozoide; inmediatamente después, el óvulo fecundado se divide e dos y da lugar a dos organismos que tienen exactamente los mismos cromosomas y el mismo sexo), se ha encontrado que si uno de ellos comete un delito, la probabilidad de que su gemelo cometa otro es significativamente alta. En cuanto a los heterocigóticos (son el resultado de la fecundación de dos óvulos por dos espermatozoides distintos; aunque nacen al mismo tiempo, son seres completamente diferentes y pueden tener distintos sexos), si uno de ellos comete un delito, la probabilidad de que el otro lo haga también es muy baja, todo esto de acuerdo con los índices de concordancia hallados en las investigaciones de Kevles 1997; Groye y Eckert 1990; Cloninger 1982 y 1987.

Seguramente el temor a la relación entre genes y conducta se debe a que históricamente se ha utilizado este argumento para llevar a cabo programas delirantes y discriminatorios, como la llamada "eugenesia", que ha validado atroces políticas de exterminio al proponer que ciertas razas son "genéticamente" superiores o inferiores a otras. Desde luego nada de esto está avalado por ninguna investigación científica.

Pero veamos cuanto más se ha avanzado en estas investigaciones: la serotonina (un mediador químico cerebral) tiene al parecer una gran influencia en los mecanismos genéticos relacionados con la agresividad y sus diversas formas de expresión. Los genes que se encargan de codificar enzimas necesarias para el metabolismo de la serotonina en el cerebro, integran un complejo grupo de genes que regulan la conducta agresiva.

Otro gen que podría intervenir en la proclividad a la agresión es el de la enzima MAO-A; este es un gen del cromosoma X que regula igualmente los mecanismos de la serotonina, la norepinefrina y la dopamina cerebral. La deficiencia de MAO-A ocasionada por la mutación del gen se ha relacionado con la agresión impulsiva. En otros trabajos se ha encontrado que cuanto menor es la actividad de la enzima MAO-A en la corteza cerebral y regiones subcorticales, aparece una mayor agresión.

Caspi *et al.* (2002) estudiaron una muestra amplia para tratar de dilucidar porqué no todos los niños maltratados se vuelven adultos violentos. Lo que encontraron es que el gen de la enzima MAO-A produce un efecto moderador sobre los estímulos ambientales del maltrato. Otros estudios han mostrado que tanto el hipo como hiperfuncionamiento de la MAO-A (o sea cualquier desbalance en esta enzima) está asociado a un aumento de la conducta agresiva. Los niños maltratados con altos niveles de MAO-A eran menos propensos a mostrar conductas antisociales que aquellos maltratados que tenían niveles bajos de esta enzima. Estos estudios se han replicado en numerosas ocasiones, incluso en monos rhesus y en otros grupos de niños y mujeres adultas que padecieron de abuso sexual durante su infancia con resultados similares a los anteriores. Esto es, altos niveles de MAO-A moderan las conductas antisociales a pesar de haber vivido una niñez con estímulos adversos.

También se ha encontrado que genes relacionados con la síntesis de otros neurotransmisores como las catecolaminas y nuevamente la serotonina, correlacionan con pobre control de impulsos. Las variantes genéticas de receptores dopaminérgicos D2 y D4 pueden incluso predecir conductas antisociales en adolescentes.

Esto es, no se puede hablar del "gen de la agresividad", si no más bien de un conjunto de genes que están en mayor o menor medida encargados de la regulación de ciertas sustancias o neurotransmisores cerebrales y del sistema neuroendócrino que inciden directamente en las conductas agresivas y violentas. Esto tiene mucho que ver con el hecho, que ya hemos mencionado aquí, de que los hombres son más violentos que las mujeres en todas las sociedades. Por ello se pensó en que en los genes que determinan el sexo deberían de existir datos diferenciados que permitieran relacionarlos con una mayor o menor agresividad. Sin embargo, lo que se concluyó con base en estos protocolos, es que la conducta criminal correlacionaba más con deficiencia intelectual que con alteraciones de la cromatina sexual. Por lo pronto, los resultados en este tipo de investigaciones son bastante contradictorios y como vemos poco definitivos.

Hay otro grupo de autores que proponen que los factores genéticos están presentes en la mayoría de los individuos que son agresivos de forma permanente a lo largo de su vida, y que los niveles medios de agresividad están correlacionados tanto con aspectos genéticos como con influencias medioambientales. Al parecer este enfoque de causas diversas para los diferentes niveles de agresión va tomando fuerza, aunque tampoco en este caso podemos hablar de resultados concluyentes.

Eley *et al*. (1999) sugieren que las mujeres somos un grupo altamente resistente a situaciones ambientales estresantes y que presentamos ante ellas menos conductas agresivas que los varones. Por otro lado, los hombres son más propensos a reaccionar agresiva o violentamente a partir de estímulos ambientales tensionales. Esto es, las diferencias entre individuos con conductas agresivas persistentes podrían ser explicadas mayormente por factores genéticos, mientras que los sujetos mediana y esporádicamente agresivos estarían más relacionados con factores sociales y ambientales.

En resumen, hasta este momento los genetistas saben que es poco probable encontrar el "gen de la agresión", más bien lo que se sabe es que la acción conjunta de múltiples genes (más los factores ambientales) puede producir una conducta o un comportamiento. En la determinación de los patrones antisociales existen e intervienen muchos factores: psicológicos, familiares, sociales y educativos. No hay causa única ni sencilla para explicar la violencia, al menos no hasta el día de hoy. Ni fatalidad ni libre albedrío, es todo eso y más. La investigación hasta el día de hoy nos muestra que los sistemas neuroquímicos relacionados con la agresión se ven influenciados por el entorno, por lo que a partir de diversas experiencias durante la infancia surgirán diversos fenotipos conductuales. El asunto es bastante más complejo de lo que se pensaba.

14.- La violencia en los medios de comunicación, videojuegos y redes sociales

La exaltación de la violencia y el interés por las historias de crimen y detectivescas ha crecido sustancialmente, tanto en jóvenes como en adultos, a través de la radio, la televisión, el cine y los videojuegos, especialmente a partir de la segunda mitad del siglo xx. Por lo tanto entre muchos adultos, jóvenes e incluso niños, coexiste un rechazo al crimen y a la violencia, que respeta al tabú, y al mismo tiempo una extraña fascinación por ellos, lo mismo en series de televisión o en filmes de asesinos seriales, tortura u horror.

Pareciera que nuestra cultura sufriera una especie de disociación que le permite tener ambos posicionamientos, el real y el imaginario, contradictorios frente a la violencia, pero coexistentes. Esta ambivalencia resulta peligrosa para individuos en donde existe una personalidad *a priori* que puede hacerlos proclives a las conductas antisociales. Esto es importante de tomar en cuenta al estudiar la violencia, en especial en los adolescentes.

El problema es extraordinariamente complejo ya que existen algunos individuos que no distinguen con precisión si esa violencia "virtual" y que leemos u observamos en la televisión, o que ejercemos en los videojuegos, es capaz de transformarse en una violencia actuante que correlaciona, a partir de 1945 (según autores como Muchembled, 2012), con la renovada asociación de jóvenes en pandillas delincuenciales, especialmente en grandes centros urbanos.

Por otra parte, hemos mencionado antes cómo la violencia puede moderarse o reducirse por controles legales, políticos y sociales en las sociedades modernas. Por ejemplo, a partir del siglo XVII, gracias a mejores reglas de convivencia en los espacios públicos y al abandono en la cultura occidental de la práctica del duelo, el asesinato disminuyó significativamente, pero eso sí, no cesó (nunca ha cesado en ningún país en la historia del planeta).

Ahora bien, ¿qué ha sucedido a lo largo de los últimos años con relación a la violencia en medios de comunicación? Recordemos que los medios juegan un papel fundamental en la vida de los niños de prácticamente todo el mundo, ya que es un fenómeno, podríamos decir, global. La gran mayoría de los niños y adolescentes de los cinco continentes tienen acceso (en mayor o menor medida) a la televisión, el cine, la radio y desde luego a las comunicaciones digitales como Internet, los videojuegos y más recientemente las importantes redes sociales. Los niños y niñas, de todas las razas y estratos socioeconómicos, participan en estas formas de comunicación y entretenimiento y los utilizan con gran habilidad. Los teléfonos inteligentes, las tabletas, las computadoras, el cine y la televisión (esta última cada vez menos) son compañeros imprescindibles de los niños del siglo XXI. Toda esta revolución tecnológica ha abierto también nuevos campos de estudio e investigación sobre lo que están viendo nuestros hijos y cómo estos contenidos los están impactando.

Para los niños más pequeños, la televisión continúa siendo el medio dominante, ya que aún no cuentan con los recursos cognoscitivos ni motores para emplear los teléfonos inteligentes, Internet o las tabletas. Los DVD con películas infantiles y la televisión abierta o por cable abren muchas posibilidades de estimulación, que conllevan efectos en su aprendizaje y desarrollo. Posteriormente los niños de clases medias y altas, al entrar a la primaria, tienen la posibilidad de tener acceso a computadoras e Internet, aunque en países como el nuestro, un alto porcentaje de los niños mexicanos aún no disponen a satisfacción de estos recursos.

La gran pregunta que se hacen ahora los psicólogos, es si los medios están enriqueciendo la vida de los niños al darles una gran cantidad de datos que estimulen su creatividad e imaginación, o si por el contrario, están generando simultáneamente personas con una enorme indiferencia hacia el dolor ajeno o peor aún, personas con características agresivas y destructivas de su entorno. Hasta donde sé, en México se han llevado a cabo muy pocos estudios que respondan esta pregunta básica: ¿Qué efecto tienen los contenidos violentos sobre nuestros hijos? Un video de YouTube que se convierte en viral, es un homogeneizador por excelencia para la aldea global, pero en lo particular no sabemos cómo están recibiendo los niños esta experiencia.

Los pequeños, y en general los humanos de todas las edades, razas y religiones, disfrutamos enormemente de los medios de comunicación y aprendemos de ellos más que en cualquier otra forma de socialización.

Lo mejor que puede suceder a los niños a través del consumo y uso de los medios de comunicación, es que se estimule su creatividad, su imaginación, mejore su educación y niveles de conocimiento; incluso que los niños aprendan a ser respetuosos de los demás, a no discriminar y a tener actitudes más igualitarias y democráticas. Pero... por otra parte existe el temor de que los medios aumenten sus niveles de ansiedad, haya indiferencia hacia el dolor ajeno, se deterioren valores o de plano se imiten conductas antisociales.

La capacidad de distinguir entre fantasía y realidad es una de las capacidades más importantes entre adultos y niños (Dafna Lemish, *Children and Media*, 2015). La realidad de la televisión es un concepto muy complejo de adquirir, ya que requiere saber que lo que ocurre dentro de una historia no está sucediendo en realidad, pero que los actores que la interpretan sí existen más allá de las pantallas.

La investigación nos muestra que en la mayoría de los casos, los niños no comprenden claramente esta distinción, que sólo se va entendiendo al paso de los años, ya que jamás reciben una explicación clara al respecto. Alrededor de los ocho años un niño promedio tendrá clara la diferencia entre ficción y realidad. A los 12, estos conceptos estarán sólidamente conformados. A esta edad los niños podrán distinguir entre un noticiario y un programa, por ejemplo, de ciencia ficción. Las caricaturas y las animaciones (como en los videojuegos) forman parte del género fantasía. Conforme el niño tenga una maduración mayor podrá integrar que existen géneros mezclados donde realidad y ficción se unen, y esto es algo realmente complejo.

De la misma manera, y en paralelo, se debe desarrollar la capacidad de llevar a cabo "juicios morales" sobre lo que se está viendo. Esta capacidad cognoscitiva es muy importante para la consolidación de una adecuada inteligencia social. Los niños muy pequeños no tienen muchas herramientas para hacer estas evaluaciones. Comprender y evaluar lo bueno, lo malo, lo que está bien y lo que está mal, depende en buena medida de la imitación de patrones culturales que les muestran los adultos; y cuando ellos ven un programa, película o video es importante, en estos primeros años, ayudarlos a clarificar sus emociones. Entre los siete y los ocho años, los niños gradualmente van logrando este "juicio moral" y se vuelven cada vez más solventes para llevarlo a cabo de forma autónoma. En la medida que se dan procesos de maduración, los chavitos van comprendiendo algo aún más complicado: que no todo es bueno o malo… que existen muchos matices y zonas intermedias entre uno y otro valor.

Para lograr esto, es importante saber seleccionar los programas de tele que los niños pueden ver de acuerdo con su edad y sus capacidades específicas para comprender la historia. No necesariamente las caricaturas son comprensibles para todos los niños. Dentro de ellas existen contenidos para preescolares, escolares o adolescentes (desde luego también para adultos), y padres y maestros debemos interesarnos en sus temáticas para poder explicar y contextualizar lo que los niños ven. Sé que esto es difícil de llevar a la vida diaria, pero lo ideal sería ver juntos los programas. Esto permitiría hacer comentarios, resolver dudas y promover el pensamiento crítico y la reflexión. El objetivo no es seleccionar y supervisar todo lo que ven los niños, si no más bien lograr que ellos tengan el criterio suficiente para hacer juicios sobre las historias que están viendo.

El respeto al otro, la comprensión, la empatía, el rechazo a la violencia, la solidaridad, la generosidad, etc. son conceptos que por su complejidad se adquieren paulatinamente y por ello es necesario cimentarlos de manera sólida; la televisión, los videojuegos, el cine, pueden (sean los contenidos violentos o no) ser utilizados para la consolidación de estos valores.

Videojuegos

La mayoría de los niños y adolescentes del mundo urbano y occidental disfrutan de los videojuegos varias horas al día, en forma solitaria o "en línea" y bien sea a través de una consola, computadora, teléfono inteligente o tableta. Este es un fenómeno que se da en mayor o menor medida en todo el mundo. Como sabemos, muchos de estos juegos son violentos. El debate sobre las consecuencias de jugar estos sangrientos videos se ha incrementado a partir de horrendos pasajes de la vida real (especialmente en EE.UU.) donde adolescentes disparan y masacran a comunidades enteras.

En el año 2000 el FBI (Federal Bureau of Investigations) incluye la fascinación de muchos jovencitos por la violencia virtual como un, al menos, acompañante de las personalidades sociopáticas, especialmente en aquellos casos donde los que juegan están más interesados en la violencia que ahí se ve y ejerce, que en el mismo juego. Sin embargo, hasta el día de hoy se han llevado a cabo muy pocos estudios longitudinales que determinen los efectos sólo de los videojuegos sobre los adolescentes. Resulta muy difícil separar la influencia aislada de esta forma de entretenimiento, de la de la televisión o el cine, que también presentan diversas formas de violencia y agresión. Por ello, las conclusiones a las que llegan muchas de estas investigaciones son parciales, poco representativas y hay que tomarlas con reservas.

Los videojuegos surgen a finales de los 80 del siglo xx, pero es hasta los años 90 cuando los juegos hiperviolentos se ponen de moda. Gradualmente los diseñadores gráficos se dan cuenta de que un video vende más entre más agresión contenga (sangre, ejecuciones, patadas, asesinatos, etc.). Juegos como Mortal Kombat o Double Dragon son muestra clara de ello. Sin embargo, empresas como Nintendo, en los finales el siglo xx, entonces líder absoluto del mercado, decide como política comercial, no hacer videos "con excesiva sangre y violencia", ni sexo. Esto no sucedió ni sucede con otras consolas y quizá esta es una de las razones por las que Nintendo ha dejado (¡lo que son las cosas!) de ser líder del mercado en el siglo xxi.

Con el propósito de esclarecer cuáles variables inciden más o menos en las conductas violentas (videos, tele, pelis, etcétera) se desarrolló en Estados Unidos, el llamado General Aggression Model (GAM) [Modelo General de Agresión] creado en 2002 por Anderson *et al.* y con adiciones y modificaciones en 2003 y 2004. Este modelo incluye variables relacionadas con la teoría del aprendizaje social y los procesos cognoscitivos detrás de las conductas sociales.

El GAM distingue entre variables y procesos que actúan sobre la conducta social. Desde luego toma en cuenta factores biológicos y modificadores medioambientales.

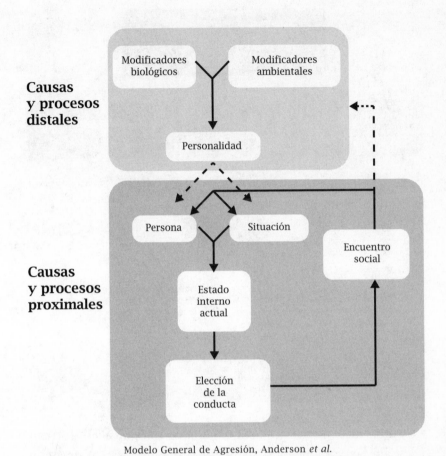

Modelo General de Agresión, Anderson *et al.*

Este sencillo esquema, basado en el GAM, nos muestra que una gran variedad de factores actúan y determinan la selección de una conducta agresiva. El modelo permite integrar diversas variables en cada uno de los niveles, que generan diferencias significativas.

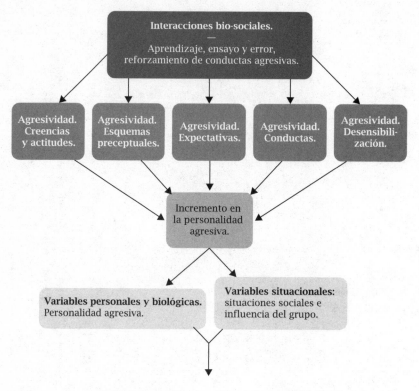

Modelo General de Agresión, Anderson *et al.*

Podríamos afirmar que los medios de comunicación forman parte de las variables situacionales y siempre actúan desde el plano externo sobre los niveles de agresividad. Para que se desencadene una conducta violenta, se deberán conjuntar una serie de factores que actúen simultáneamente y den como resultado esta respuesta. La violencia como vemos, es causada por una gran cantidad de factores (internos y externos), no hay determinantes únicos de estas conductas. Esto es, los niños no son impermeables a la influencia de los medios, ni por el otro lado, están a merced de ellos. Para hacer el análisis y diagnóstico de una conducta violenta debemos tomar en cuenta todos y cada uno de los factores de riesgo, evaluarlos y sólo entonces ponderar el peso de cada una de las variables.

La violencia en los medios puede exacerbar los factores de riesgo, pero en sí misma no es una causa lo suficientemente fuerte como para generar modificaciones conductuales significativas.

Conductas socialmente aceptables por edades:

1. 0 a 12 meses
Apego a sus cuidadores.
Patrones de conducta regulares.
Transición de conductas reflejas a conductas voluntarias.

2. Uno a dos años
Curiosidad y exploración del entorno.
Diferenciación creciente del yo y el otro.
Acciones independientes como cuidado de sí mismo, alimentación, etcétera.
Desarrollo del lenguaje.

3. Dos a cinco años
Capaz de tener control de sí mismo y respetar reglas sociales.
Capaz de controlar reacciones emocionales.
Capaz de aprender roles de género.

4. Seis a 12 años
Capaz de construir relaciones de amistad y aceptar a sus pares.
Capaz de aprender reglas sociales y normas.
Conductas adaptadas en la escuela.
Capaz de valorar los triunfos en la escuela y admitir la competencia.
Capaz de desarrollar valores y moral.
Consolidación del concepto de sí mismo y sus relaciones con sus pares.

5. 13 a 18 años

Capaz de construir relaciones de amistad íntimas y duraderas.

Ajustes a cambios de la pubertad.

Desarrollo de una personalidad definida y coherente.

Aber y Jones (1997); Masten y Braswell (1991); Sroufe, Cooper, DeHart (1996); *Violent Video Game Effects on Children and Adolescents*. Anderson, Craig A., Gentile, Douglas A., Buckley, Katherine E. (2007).

Por lo tanto, el efecto y trascendencia de la violencia en videojuegos y medios de comunicación, dependerá en buena medida de diversos factores internos y externos y del estadio del desarrollo cognoscitivo, emocional, social así como de la edad de los niños.

15.- En busca de la residencia del mal

⌀⌀⌀

NEURONAS Y MIELINIZACIÓN

Los asombrosos avances en la imagenología cerebral (resonancias magnéticas, magnetoencefalografías, tomografías y tomografías por emisión de positrones) han abierto la posibilidad de conocer más sobre las bases biológicas de la violencia y las conductas agresivas. Incluso en diversos centros académicos del mundo se comienza a hablar de una nueva rama de las neurociencias, la "neurocriminología", que incluye el estudio de las bases neuronales del crimen y de las llamadas conductas antisociales.

Todo lo anterior no excluye al factor social, de cuya importancia ya hemos hablado insistentemente en esta perversa ecuación que da como resultado la violencia. Sabemos que al interactuar factores genéticos, orgánicos, psicológicos y del entorno se incrementa la probabilidad de aparición de estos trastornos antisociales. Por ello hoy para comprender el problema, se toman en cuenta todos los aspectos, incluido el del funcionamiento cerebral, intentando asomarnos a cómo se gestan fisiológica y bioquímicamente las conductas antisociales.

Las técnicas de investigación que mencionamos antes nos permiten hoy ver al cerebro humano en acción y por lo tanto han abierto un nuevo campo para conocer más sobre las bases biológicas de las conductas agresivas.

Recordemos de una manera muy esquemática que la función más importante del sistema nervioso consiste en procesar la información que le llega del exterior o del propio organismo para generar respuestas motoras o mentales coherentes y bien integradas. El cerebro es el órgano supremo de nuestro cuerpo y está formado por más de 100 mil millones de neuronas (las células nerviosas) que interactúan (unas con otras) bioquímica y eléctricamente para trabajar. En otro sentido podemos decir que el cerebro humano es básicamente una máquina de inhibir datos y respuestas ya que de eso se trata el desarrollo y la maduración, o sea, de poder jerarquizar la información y dar sólo la respuesta adecuada en cada momento y situación. Esto es, nuestro encéfalo descarta más de 99% de todos los datos que recibe y sólo se queda para elaborar con el 1% de los datos, que son los que le resultan útiles para actuar o pensar en un momento dado. Si procesáramos simultáneamente toda la información que nos llega sería imposible responder adecuadamente. La atención selectiva es en buena medida responsable de una conducta integrada.

Las neuronas, de las que depende nuestro funcionamiento, tienen tres partes principales: el *soma* o *cuerpo*, el *axón* (que es una prolongación de la célula que transporta los datos a distancia en gran medida gracias a un recubrimiento, una especie de lípido, que funciona como un aislante y buen conductor llamado *mielina*, que en condiciones normales recubre todos los axones de nuestro cuerpo) y las *dendritas*, un tipo de prolongaciones y ramificaciones que sirven junto con el axón para comunicar información a otras neuronas. En estas dendritas de cada neurona, se encuentran alrededor de 200 mil vesículas o botoncitos llamados *terminales presinápticas* que contienen sustancias (como la serotonina, la dopamina, y unas cincuenta más, que son los conocidos mediadores químicos) que pueden estimular o inhibir a otras neuronas. Una vez que se generan estos procesos (eléctricos y bioquímicos), la información viaja básicamente a lo largo del axón para ser compartida con otra célula.

Un dato interesante con relación a esto, es que el proceso de mielinización de los axones se lleva a cabo paulatinamente a partir de nuestro nacimiento. Estudios en adolescentes con técnicas de imagenología, han encontrado que el giro cingulado en esta etapa no se encuentra completamente mielinizado; y se sabe que esta zona envía señales al tallo cerebral y a la médula espinal que controlan nuestros impulsos más elementales como la frecuencia cardíaca, el sudor de nuestras manos cuando estamos nerviosos o el arrebato de dar un portazo. Por lo anterior podemos pensar que durante la adolescencia no existe un equipo nervioso alistado y capaz de inhibir conductas indeseadas en la mayoría de los casos. Un dato relevante en cuanto a esto, es que las niñas, en general, tienen un proceso de mielinización más rápido y precoz que los varones. Esto podría correlacionar con la mayor madurez que encontramos por lo general en las jovencitas en comparación con niños de su misma edad. Después de que las neuronas están completamente mielinizadas son más rápidas y eficientes, aunque desde luego menos plásticas; ésta es una de las razones del por qué los niños pequeños pueden aprender fácilmente idiomas y hablarlos con fluidez y sin acento antes de que sus conexiones se vuelvan más eficientes; sí, pero también más rígidas.

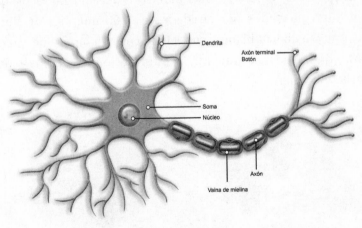

Neurona

Pero sigamos con las neuronas, estas células nerviosas integran en su conjunto al cerebro, órgano de aproximadamente kilo y medio de peso del que depende toda nuestra conducta, pensamientos, memoria y en general el funcionamiento de nuestro organismo. Es curioso que representando este órgano algo así como el 2.5% de nuestro cuerpo, use el 20% de la energía de la que disponemos. La corteza cerebral es una delgada capa de neuronas (sustancia gris) que recubre a todo el encéfalo y contiene, sólo ella, alrededor de 30 mil millones de células. De nuestro cerebro depende también la secreción de hormonas (imagínese su trabajo durante la adolescencia) y el movimiento de todo nuestro cuerpo. Del portentoso cerebro se ha dicho que es el objeto más complejo del universo y bien a bien aún no sabemos en detalle cómo funciona, tal es su hipercomplejidad.

CEREBRO, HEMISFERIOS CEREBRALES Y CUERPO CALLOSO

Para fines de su estudio anatómico, el cerebro se ha dividido en cuatro lóbulos principales: frontal, parietal, temporal y occipital y otro más, el de la *ínsula*, que se encuentra en las profundidades del cerebro. Como sabemos, nuestro encéfalo está integrado por dos hemisferios cerebrales (muy parecidos pero no idénticos) que están interconectados por alrededor de 200 millones de fibras nerviosas (sustancia blanca) conocidas con el nombre de *cuerpo calloso*, que ayudan a integrar la información de ambos lados, derecho e izquierdo.

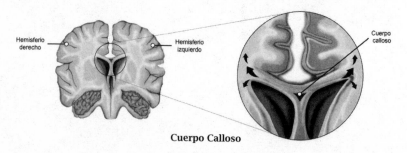

Cuerpo Calloso

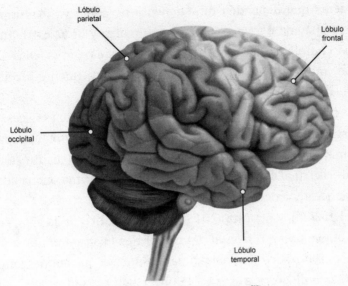

Lóbulo parietal

Lóbulo frontal

Lóbulo occipital

Lóbulo temporal

Lóbulos Cerebrales (Vista De Perfil)

A partir de estos datos básicos revisemos la información que se ha encontrado en el cerebro en cuanto a violencia y agresión.

LÓBULOS FRONTALES

Comencemos por decir que los lóbulos frontales están aún en proceso de maduración durante la adolescencia y que esta zona es responsable del control de impulsos. Otras partes del cerebro como el sistema límbico y el tallo cerebral intervienen igualmente en la regulación de las emociones. La corteza prefrontal se ha desarrollado enormemente en los seres humanos, las ratas, por ejemplo, tienen una corteza prefrontal muy pequeña y delgada, los gatos y perros la tienen un poquito mayor y los simios son los animales que la tienen más desarrollada, pero aún es pequeña en comparación con la nuestra. El cerebro de un bebé se va desarrollado poco a poco a lo largo de su infancia y adolescencia, ya que no nacemos con todas las funciones cerebrales completas. Los humanos tardamos en sentarnos, gatear, caminar, hablar, etc.

conductas que dependen directamente de cómo va madurando nuestro sistema nervioso. El sistema límbico y otras estructuras menos complejas del cerebro, maduran antes que la zona prefrontal, que por cierto... es la que se ve mayormente afectada desde el inicio del temible Alzheimer.

En diversas investigaciones se ha encontrado que es necesario que esta zona, la prefrontal, adquiera densidad neuronal y capacidad sináptica para poder llevar a cabo plenamente sus funciones inhibitorias, que son las que nos permiten tener una buena adaptabilidad y una conducta socialmente adecuada.

El Dr. John Mazziotta (2015), neurocientífico de la UCLA, concluye que el área prefrontal del cerebro es básicamente una máquina inhibitoria con capacidad para imitar ya que aprendemos a contener impulsos a través de la observación. Conforme el cerebro de un niño se desarrolla va adquiriendo la habilidad de evitar conductas inapropiadas hasta que en la madurez sabemos cómo conducirnos en sociedad adecuadamente... no nos orinamos en el cine o le damos una bofetada a un individuo que nos cae mal, por más ganas que tengamos. Al envejecer, esta misma capacidad inhibitoria se ve mermada y por ello mismo la conducta de los mayores muchas veces se vuelve inadecuada. De ahí el dicho de que los niños y los borrachos (y yo diría que muchos ancianos) dicen la verdad, porque no tienen buenas capacidades para reprimir impulsos ni necesidades.

¿Qué podemos esperar entonces de la conducta de los niños y adolescentes cuando su capacidad de interactuar socialmente está literalmente en construcción? Los lóbulos frontales están involucrados igualmente en la capacidad de planificar nuestras acciones y trazarnos rutas para conseguir metas, y es por ello mismo que, al no tener aún la madurez necesaria, la mayoría de los adolescentes no ven las consecuencias de sus actos ni pueden organizar sus acciones a mediano o largo plazo. Podríamos decir, como escribe Barbara Strauch (periodista científica del *New York*

Times y autora del libro *The Primal Teen*, Random House, 2003) "Los adolescentes son como un carro deportivo con gran empuje y fuerza pero... sin frenos..." y no los adquieren plenamente hasta los 25 años. Los padres y adultos deberíamos funcionar entonces como una especie de lóbulos frontales alternos para orientar su conducta. Por esa capacidad limitada de planear y preveer el futuro es que los adolescentes manejan con exceso de velocidad, o se emborrachan hasta perder el control, o no respetan las reglas de la casa o la escuela. Los lóbulos frontales no están listos para medir el peligro ni las consecuencias de su temeridad.

En estudios realizados con la tomografía por emisión de positrones, PET (que permite, entre otras cosas, observar el metabolismo de la glucosa en el cerebro mientras una persona realiza determinadas acciones), se ha encontrado una reducción significativa del metabolismo de esta sustancia en la zona prefrontal del cerebro, lo que indica un nivel de activación bajo de esta área (que se encuentra inmediatamente detrás de nuestros ojos) cuando somos violentos.

EL SISTEMA LÍMBICO

Los neurocientíficos saben actualmente que cuando la corteza prefrontal presenta alguna disfunción quedamos "gobernados" por la parte más primitiva de nosotros mismos, el sistema límbico, conjunto de estructuras cerebrales que responden ante situaciones emocionales y que se relaciona con la memoria, sexualidad, miedo, etc. del que dependen en buena medida emociones como el enojo, el ataque, la impulsividad, la falta de tacto social y la baja habilidad para relacionarnos con otros. En resumen hay una correlación positiva entre alteraciones prefrontales y conductas antisociales y violentas como el *bullying*. Pero estas alteraciones no aplican para todos los casos de asesinos, antisociales o delincuentes, ni de pequeños agresores, por lo tanto no se puede tampoco en este caso generalizar (Adrian Raine, 2013).

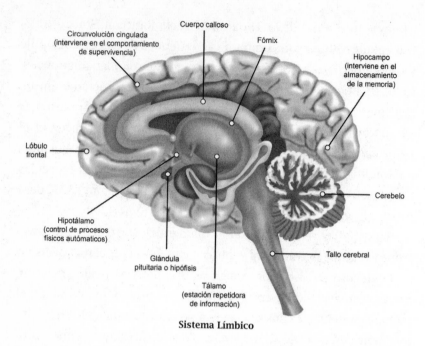

Sistema Límbico

Por ejemplo, en los asesinos seriales no se ha encontrado que se repita este patrón de disminución de la actividad prefrontal, recordemos que este tipo de delincuentes tienen una excelente capacidad de planeación y gran habilidad para solucionar problemas complejos, frialdad y control pleno sobre sus emociones, habilidades todas puestas al servicio de destazar, en muchos casos, a docenas de personas, como el famoso Mochaorejas, o si ustedes prefieren un ejemplo más elaborado: el agente 007 con licencia para matar. En este último ejemplo, un sociópata atractivo porque tiene el estómago de hacer el amor, tomar sake a 35 grados centígrados y manejar un Aston Martin entre asesinato y asesinato y, sobre todo, sin perder su sonrisa y arrebatadora galanura (especialmente Sean Connery). Ambos tienen cero remordimientos, romper a una persona es para estos sujetos como romper una taza, y en el caso de muchos de estos tenebrosos personajes su justificación es perfecta: luchan contra el mal con el mal mismo y de acuerdo con su agenda que es lo único que importa. Son por excelencia seres antisociales con un mal funcionamiento de la zona prefrontal, sistema límbico y vaya usted a saber que más. Pero eso sí, lo hacen conscientemente y no están locos.

Antonio Damasio (2010), uno de los más reconocidos neurocientíficos del mundo en la actualidad, ha reportado de acuerdo con sus investigaciones en la Universidad de Iowa, evidencias de las posibles raíces biológicas de lo que él llama el "compás moral" en los lóbulos frontales.

La violencia, como hemos dicho antes, es una conducta fenomenalmente compleja que depende del concurso de varias estructuras cerebrales (no sólo del área prefrontal) sino como mencionamos antes, del giro cingulado, zona que se encuentra en las profundidades del lóbulo parietal de nuestro cerebro, espacio que por su posición integra información visual, auditiva y somatosensorial, entre otras. En los asesinos seriales el consumo de glucosa y el riego sanguíneo de esta parte cerebral se encuentran significativamente disminuidos. Un dato importante es que el giro cingulado tiene que ver también con muchas de las capacidades necesarias para el aprendizaje de la lecto-escritura y aritmética, por lo que muchos investigadores han buscado la relación entre los problemas de aprendizaje y la presencia de conductas antisociales en algunos niños. Esto lo revisaremos en detalle en otro capítulo.

EL HIPOCAMPO

El hipocampo (estructura ubicada en las profundidades del lóbulo temporal) es otra parte del cerebro involucrada en el aprendizaje y la memoria y también alterada en los antisociales. Es curioso señalar que en esta zona del cerebro se integra también, entre otras, cosas el aprendizaje del "miedo", conducta poco frecuentada por este tipo personas (con dificultades en la socialización o que muestran francamente conductas violentas) que tienen en lo general una actitud temeraria, envalentonada y audaz, frente a cualquier peligro.

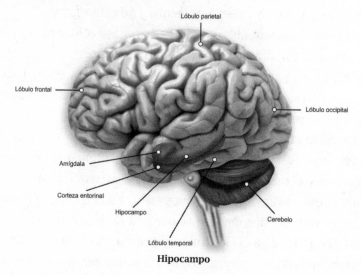

Hipocampo

Históricamente se les ha llamado a los sociópatas "idiotas morales", ya que muchos de ellos tienen una capacidad intelectual promedio o incluso superior, así como una personalidad carismática y encantadora que les permite atrapar fácilmente a sus víctimas, pero sin atisbo alguno de un código moral. Además estos delincuentes actúan convenientemente el 99% del tiempo y sólo en el restante 1% cometen tropelías que los diferencia de los otros. Para ellos no existe lo moral o lo inmoral, lo bueno o lo malo, conceptos que se relacionan con la actividad de la amígdala, estructura situada en el fondo del lóbulo temporal, y con la de la corteza prefrontal, de la que ya hemos hablado. Al parecer los sociópatas muestran una muy baja activación de estas partes del cerebro ante la solución de problemas que impliquen una disyuntiva moral y al mismo tiempo son capaces de tomar decisiones rápidamente aunque estas lesionen a los demás, sin ningún tipo de consideración; lo único importante para ellos es conseguir sus fines al costo que sea. Podríamos concluir que muchos de estos individuos literalmente no tienen "sentimientos".

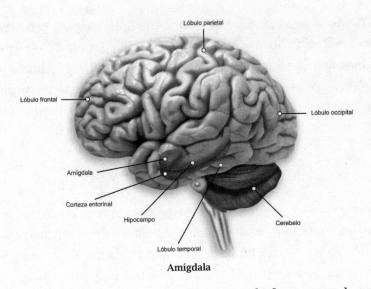

Amígdala

Claro que este nuevo enfoque se topa de frente con el pensamiento religioso conservador, que al creer en el libre albedrío niega una cierta predeterminación biológica para cometer ilícitos. Pero ha habido avances en este tema y hoy las neurociencias se encargan de buscar las influencias neuronales en la comisión de un delito. Este camino de investigación quizá a la larga le hará justicia a los ingenuos intentos de Lombroso. El miedo que existe en cuanto a la predeterminación de la violencia tiene que ver con la posibilidad de una discriminación o condena *a priori* de ciertos individuos o grupos humanos, en el estilo aterrorizante de la supuesta superioridad de los arios sobre los judíos o la de los caucásicos sobre los negros, o de, para poner un ejemplo más cercano al de *Minority Report*, película donde se condena a alguien por lo que va a hacer antes de que haya sucedido. Todos: blancos, indios, negros, judíos o japoneses tenemos un componente violento que bajo determinadas circunstancias puede llegar a ser criminal. Un dato: el 75% de los hombres llamados "normales" ha tenido alguna vez una fantasía homicida. En las mujeres el porcentaje baja un poco, el 62% y eso que los humanos tenemos ese intangible llamado "conciencia" que supuestamente nos debería limitar.

Las conductas antisociales son al final del día una construcción social en la que todos hemos colaborado en mayor o menor medida, pero la violencia es también una disfunción cerebral, una característica genética y química que favorece que ciertas personas cometan estos actos violentos más fácilmente y que sus mecanismos inhibitorios no funcionen de manera correcta.

LA AMÍGDALA Y EL GIRO DEL CÍNGULO

Todos somos en algún sentido sociópatas: cuando evadimos impuestos, mentimos, nos pasamos un alto, o nos enfurecemos cuando se nos cierra un coche, cuando copiamos en la escuela, nos robamos una idea, hacemos *bullying* o somos corruptos. Traemos integrado siempre a nuestro míster Hyde. En México, por ejemplo, sabemos que comprar productos pirata es ilegal y sin embargo lo hace casi el 80% de la población. Y en Estados Unidos más del 90% de los norteamericanos descargan películas o música ilegalmente. Esas son conductas sociopáticas también.

Kiehl *et al.* (1999, citado en Hare, 2000), calcularon la diferencia de actividad cortical ante el empleo de palabras neutras y palabras con contenido emocional, solicitando tanto a sujetos sociópatas como no sociópatas, memorizar listas de palabras de ambos tipos. A través de resonancia magnética funcional, se observó que los antisociales exhibían menor activación que los no antisociales durante el procesamiento de palabras con carga emocional en varias regiones límbicas incluida la amígdala y el giro del cíngulo, implicado en los procesos emocionales y de atención, como dijimos antes. Estas regiones poseen numerosas conexiones con la corteza frontal y ventromedial, las cuales a su vez juegan un importante papel (como ya dijimos) en la regulación de la cognición, el afecto y la inhibición de respuestas. El hecho de que el córtex frontal ventromedial y los mecanismos límbicos asociados no funcionen debidamente, podría explicar la aparente incapacidad de los sociópatas para experimentar emociones profundas y para procesar adecuadamente información de carácter emocional. Por otro lado, dado que la ejecución de las respuestas adecuadas e inhibición de las inadecuadas, incluyen decisiones de tipo emocional y procesos de reflexión, todas estas capacidades residen en las regiones prefrontales ventromediales y dorsolaterales, una disfunción de estas mismas y/o en sus conexiones, conllevaría a un comportamiento inapropiado. De este modo, al ser débiles los frenos emocionales, los sociópatas pueden cometer actos violentos depredadores sin ningún escrúpulo.

EL CEREBELO

Otra estructura relacionada con las capacidades de socialización es el hasta ahora muy recientemente ignorado cerebelo.

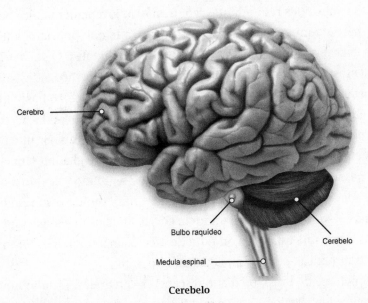

Cerebro

Bulbo raquídeo

Cerebelo

Medula espinal

Cerebelo

Lo que comenzó a llamar la atención en la participación de esta zona comúnmente relacionada con el movimiento, es que los niños o jóvenes con el síndrome de Asperger (una variedad leve del autismo) presentaban alteraciones en el metabolismo de esta parte del sistema nervioso. Estas evidencias, más lo encontrado en la valoración de pacientes que tenían alguna lesión en esta estructura, llevaron a estudiar su participación en la integración de conductas socialmente aceptables e incluso del sentido del humor. Muchos autores confirman que el cerebelo continúa estructurándose a lo largo de la niñez y adolescencia. La madurez de esta zona es otro factor que contribuye a una conducta social adaptada.

EL PROCESO DE "PODA NEURONAL"

Otro dato importante: durante los dos o tres primeros años de vida se generan en el cerebro humano una sobreproducción de conexiones que después se tendrán que desechar, cuando los adolescentes alcanzan alrededor de los 16 años, nuestro organismo se deshace de las conexiones redundantes; conforme un jovencito madura hay una pérdida importante de sustancia gris, a la que podríamos llamar excesiva, especialmente en los lóbulos frontales. De acuerdo con estos datos el cerebro de un adolescente promedio se deshace o corta entre un 7% y 10% de su materia gris desde los 16 hasta los 20 años en promedio. Digamos que a partir de esta "poda" el cerebro se queda sólo con lo necesario y comienza a trabajar mucho más eficientemente. Las urgencias de expansión de la adolescencia han pasado, igualmente su conducta se va integrando y siendo más pausada. Si esta red neuronal permanece muy tupida o se reduce de más se verá afectada la conducta social. Muchas investigaciones apoyan que una infancia con falta de afecto, abandono o experiencias traumáticas podría impedir este proceso.

Stéphane de Brito, mediante escáneres cerebrales, estudió a niños entre los 10 y los 13 años que tenían conductas de crueldad. En ellos se encontró que algunas áreas de su corteza cerebral tenían un aumento significativo de grosor, especialmente aparecían alteradas zonas como la corteza cingular anterior y parte de la zona órbitofrontal. En niños con conductas normales estas áreas presentan alrededor de los diez años una importante reestructuración ya que muchas conexiones neuronales desaparecen. Los autores proponen que la hiperconectividad podría generar un retraso en la madurez cerebral que daría como resultado dificultades en la vida social. Hasta hace algunos años se creía que un gran número de conexiones entre las distintas áreas cerebrales garantizaba una comunicación neuronal perfecta, pero es todo lo contrario, cuando por situaciones ambientales adversas no se lleva a cabo lo que hemos venido llamando la "poda neuronal" se da una desestructuración funcional que puede afectar la vida de relación de estas personas.

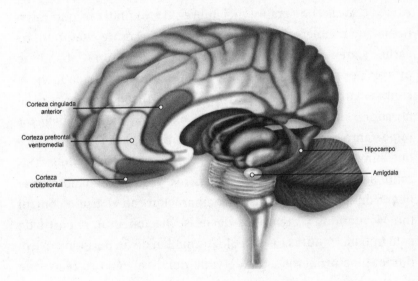

Áreas cerebrales engrosadas en niños con problemas sociales

CARIÑO, CUIDADOS Y CEREBRO

Creo importante hacer énfasis en que el contacto físico con la madre (o figura sustituta) y las conductas amorosas hacia el bebé, niño o adolescente, así como un entorno rico en estimulación, generan individuos mejor adaptados, con mayores capacidades cognitivas y un mayor equilibrio emocional, ya que todas estas condiciones de cercanía y cuidado producen cambios anatómicos y fisiológicos en el cerebro de los humanos y en general de todos los seres vivos. Los efectos en la madurez cerebral de niños sometidos a ambientes llamados "tóxicos" o sea desprovistos de amor, atención y cuidados están bien documentados. El estrés y deprivación emocional sostenida ocasionan un desarrollo nervioso deficiente con las consecuencias conductuales esperadas.

Hans Joachim Markowitsch y Angélica Staniloiu (2014), profesores de la Universidad de Bielefeld y del Instituto Científico Hanse de Delmenhorst, en su artículo "Neurofisiología de la conducta (anti)social en mente y cerebro" de la colección *Investigación y Ciencia*, noviembre-diciembre 2014, enfatizan que huérfanos que recibieron entre los siete y 42 meses de edad falta de cariño y atención deficiente, lo que se conoce como "abandono precoz", presentaban años después dificultades para la integración social. Para ello los investigadores Alison Wismer y colaboradores midieron los niveles de oxitocina (neurotransmisor importante para el establecimiento de relaciones emocionales y que aumenta con el contacto táctil cariñoso) en estos niños. Durante sesiones de juegos y caricias los pequeños abandonados liberaron menos oxitocina en comparación con el grupo control (niños queridos y atendidos desde su nacimiento). A partir de este tipo de estudios los psicólogos hablan de un periodo crítico, durante los primeros años de vida, donde el cerebro reacciona a determinados estímulos ambientales estableciendo patrones biológicos que se traducen en conductas organizadas al correr del tiempo. Desde luego no es determinante que al sufrirse estas carencias afectivas se produzca una conducta antisocial, pero sí hay una mayor proclividad a tener problemas para establecer relaciones interpersonales y sociales duraderas, así como a la depresión, problemas psicosomáticos e inseguridad. Otro dato importante en estos niños desatendidos y/o maltratados (que se determinó mediante una variación de la resonancia magnética con tensor de difusión) es que los niños con infancia difícil mostraban algunas conexiones fibrilares disminuidas. Los axones eran de menor grosor cuanto más se había prolongado la etapa de maltrato psicológico en la infancia y niñez.

Desde luego a partir de estas nuevas técnicas es aún muy aventurado intentar predecir que un niño será o no será violento. Lo que sí podemos concluir es que las atenciones, el contacto afectivo y los cuidados durante los primeros años de vida (y yo diría siempre) son indispensables para conseguir una personalidad madura y estructurada capaz de la empatía y del respeto por los otros.

16.- ¿Es el *bullying* un asunto sólo de dos?

En el transcurso de la segunda mitad del siglo xx y lo que va de este siglo, múltiples psicólogos e investigadores han tipificado con mayor precisión los distintos tipos de *bullying* que se dan cotidianamente en muchas de las escuelas del mundo. Rivers y Smith (1994) identificaron tres grandes grupos de conductas agresivas en el acoso escolar:

1. Agresión física directa
Implica golpes, empujones, coscorrones, pellizcos y otras conductas que involucran contacto físico.

2. Agresión verbal directa
Sobrenombres, insultos, amenazas, burlas, adjetivos o nombres denigrantes, etcétera.

3. Agresiones indirectas
Las más difíciles de evaluar y definir. Se puede decir que son todas las acciones que generan estrés y sensación de humillación y malestar en un niño. Este tipo de *bullying* es el que utilizan más las niñas.

Estas formas de intimidación forman parte de un patrón de agresión proactivo, la respuesta del "buleado", en cambio -y sólo en algunos casos-, puede derivar en patrón de agresión reactiva, que cierra el círculo vicioso (agresión, reacción, agresión) del que es muy difícil escapar.

Para un buen número de investigadores el *bullying* sólo puede darse cuando dos actores participan en la escena. Por una parte el agresor y por otra parte la víctima y preferentemente un público que atestigüe la hazaña. Si estas partes no se conjuntan y se conducen una en función de las otras, el acoso no puede darse fácilmente. Y este es un dato muy importante, como veremos más adelante, para el manejo del problema que tiene que ser preferentemente en varias vías.

El agresor, de acuerdo con numerosos autores (Ramírez, 2001; Olweus, 1978), presenta generalmente estas características de personalidad: liderazgo, extroversión, fuerza física, proclividad a la violencia, baja capacidad de empatía, pocos remordimientos, entre otras. Mientras que la víctima muestra tendencias a la introversión, timidez, baja confianza en sí mismo, sentimientos de inferioridad, debilidad física y niveles altos de ansiedad. De acuerdo con Sutton y Smith (1999), los testigos de la humillación resultan parte fundamental del proceso y están directa o indirectamente involucrados en la agresión. Esta audiencia no tiene que participar activamente en el proceso, pero su sola presencia da forma y unidad a toda la puesta en escena. La mayor parte de los niños que se involucran en este "coro" actúan indiferentemente ante los hechos y en la generalidad de los casos no tratan de participar, pero tampoco de impedirlo.

Menesi, Fonzi y Sánchez (2002) estudian a jovencitos "buleados" en Italia y dividen a los estudiantes en cuatro grupos fundamentales:

a) El "buleador"
b) La víctima
c) Los mirones
d) Los defensores

Los defensores son estudiantes que tratan de auxiliar a la víctima y el porcentaje que se atreve a ello es bajo. Otros investigadores dan subdivisiones más complejas en cuanto a los roles que se dan alrededor del fenómeno, por ejemplo, algunos reconocen la función del o de los asistentes del "buleador", que sirven de apoyo al victimario para ejecutar su acoso. Estos resultados se han validado en investigaciones de prácticamente todos los países del mundo, lo mismo en Europa (Finlandia, Italia, Escocia, etc.) que en América.

En resumen, el *bullying* es visto actualmente como un fenómeno grupal más que un proceso entre dos. Esta consideración resulta de la mayor importancia para el manejo de estos casos en el salón de clases. No se trata de castigar a uno o apoyar al otro, todo el grupo en donde se dan estos eventos debe recibir atención y manejo para resolver a fondo el problema.

EL DESARROLLO DE LA INTELIGENCIA SOCIAL Y LA MORAL

Como hemos visto a lo largo del libro, el desarrollo de las capacidades cognoscitivas, emocionales y sociales es un proceso que se da paso a paso en la vida de los niños y no sucede súbitamente de un día para otro. Los datos muestran que alrededor de los seis años los niños comienzan a tomar en cuenta los sentimientos de los demás (Sutton *et al.*, 1999) y en este terreno se ha encontrado que las niñas, a diferencia de los varones, presentan una capacidad más desarrollada en esta edad para empatizar con los demás.

Por otra parte, muchos autores como Arsenio y Lemerise (2001), consideran que no puede haber una comprensión plena del acoso si no se analizan también los aspectos morales involucrados en este fenómeno.

En cuanto al desarrollo del concepto de moralidad en los niños se han formulado diversas teorías acerca de cómo se va conformando. Tomando en cuenta las teorías de Piaget de 1932 y otros psicólogos del siglo xx se ha propuesto que la moralidad está compuesta por cuatro aspectos:

1. Sensibilidad moral
Que permite detectar la existencia de un dilema moral.

2. Juicio moral
Que permite decidir una acción a tomar.

3. Motivación moral
Que jerarquiza las conductas a elegir.

4. Carácter moral
Que facilita la ejecución de una conducta.

Resulta evidente que para que estos aspectos morales se desarrollen, es necesaria la consolidación de los procesos cognoscitivos que son los que posibilitan codificar la información social y la habilidad para comprender los sentimientos y actuar en función de ellos, así como predecir lo que se derivará a partir de su comportamiento. El conocimiento del "bien" y del "mal" juega un papel muy importante para que suceda el fenómeno del *bullying*. Hasta hace muy pocos años estos factores no se tomaban en cuenta o sólo se analizaban en el "buleador" y la víctima. Hoy la intimidación escolar se está estudiando como un fenómeno grupal y no sólo de dos.

EL PAPEL DEL CENTRO ESCOLAR Y LOS MAESTROS

El *bullying* dentro del salón de clases genera un deterioro importante en la calidad de la convivencia dentro de la escuela y, generalmente, ese ambiente lleno de tensión ocasiona también dificultades para que el centro escolar cumpla con su meta fundamental que es la enseñanza. En primer lugar, la escuela deberá detectar cuáles son las variables emocionales y tensionales que están afectando la calidad del aprendizaje en los niños para, a través de acciones y apoyos, mejorar el entorno escolar con el objetivo de que se vuelva motivante y gratificante para los pequeños.

El proceso enseñanza-aprendizaje no puede darse satisfactoriamente si no existe un clima de paz y tranquilidad para los estudiantes. El centro educativo debe trabajar por ello y todos, directivos, profesorado, padres y alumnos deberán interesarse activamente en conseguirlo.

El primer paso para enfrentar el problema del acoso escolar es que dentro de la escuela existan reglas claras y que puedan ser cumplidas por todos. Un reglamento muy duro e inflexible o uno desordenado, relajado y permisivo son igualmente difíciles de seguir y poco adecuados en la edad escolar y aún después. El diseño del reglamento escolar es una tarea importante del que depende en buena medida el respeto entre todos los integrantes de esa comunidad.

Para los niños (y también para los adultos) es necesario el establecimiento de límites claros, fáciles de respetar, que todos conozcan y puedan ser cumplidos. Si el *bullying*, como hemos visto, es un fenómeno grupal, su solución debe involucrar a toda la comunidad para erradicarse. Todos los que hayan trabajado en una escuela conocen bien cuán importante es resolver el problema del acoso escolar y lo fácil que resulta que esta situación se salga completamente de control y afecte a todo el centro de estudios.

Un dato importante para los maestros y padres de familia: el *bullying* es una conducta abusiva que muchas veces no es fácil de identificar o detectar. Es por ello que resulta de la mayor importancia comenzar a observar bien y reconocer cuáles son los síntomas iniciales de este problema en la casa y dentro del salón de clases. Actualmente estas conductas intimidatorias tienen extensiones a las redes sociales y en Internet y lo que sucede en esos espacios virtuales forma también parte muy importante de esta situación. Las tecnologías digitales han mostrado ya su impacto en la conducta social de los individuos.

¿Y LOS PADRES?

Lo que sucede en la casa se refleja definitivamente en lo que acontece en la escuela entre maestros y alumnos. En el mejor de los casos padres y maestros deberían trabajar conjuntamente para identificar y comenzar a ocuparse, también unidos, en la resolución del problema.

En muchos casos las primeras conductas violentas que ven (y/o copian) los niños están dentro de la familia. Cuando la violencia intrafamiliar se da de forma cotidiana o hasta sistemática es fácil que los niños o adolescentes no se limiten para mostrar su agresión. Un padre o una madre que abusan día a día de los más débiles en el hogar pueden ser fácilmente imitados para emular las formas de conducta (por distorsionadas que éstas sean) de la autoridad frente a otros. La "normalización" de la violencia es un fenómeno que comienza generalmente en el hogar. Muchos niños "buleadores" han sido víctimas de golpes y abusos en la casa y replican estas conductas en la escuela porque así han aprendido a resolver problemas y mostrar su preeminencia y autoridad. En fin, los niños abusados aprenden rápidamente que es mejor ser victimario que víctima.

Otra situación dentro del hogar que puede favorecer las conductas violentas en los hijos es la indiferencia, la ausencia o el abandono de los padres. Actualmente la mayoría de las parejas trabajan y es mucho el tiempo que los niños pasan solos o encargados con alguien que no necesariamente les puede dar cercanía, afecto ni orientación sobre cómo resolver sus problemas sin lastimar a los demás. Esta situación puede ser también un detonante de las conductas agresivas.

Es importante recordar que en la educación de los hijos, tanto el cariño como las reglas de convivencia con límites claramente impuestos, son necesarios para lograr conductas maduras y respetuosas de los niños para con los demás. Los más pequeños y los adolescentes deben comprender perfectamente que sus acciones tienen consecuencias y que tienen que hacerse responsables de ellas. Ni disciplina militar ni dejar hacer, dejar pasar... (*laisser faire, laisser passer*). Un punto medio en la educación en el hogar generará individuos con un riesgo menor de cometer conductas violentas o francamente delictivas porque habrán desarrollado su capacidad de respetar al otro.

Desde luego lo que sucede en casa se refleja en el aula y la comunicación entre padres y maestros no siempre es tan común como debería de serlo. La indiferencia y falta de diálogo entre la escuela y el hogar; la falta de información que impide darle importancia a un rasgo o actitud y manejar el problema antes de que alcance proporciones mayores; la negación (de una o ambas partes) de la situación de acoso; la defensa irracional de las conductas violentas de los hijos y, en general, los problemas de comunicación, son causa importante del agravamiento del *bullying* en la escuela y fuera de ella. Para el maestro o el psicólogo escolar ayudar a los padres a enfrentar el problema, comprenderlo y buscar soluciones es una tarea de la mayor importancia; siempre y cuando el maestro no esté tan confundido o más que los propios papás.

En muchos hogares los niños no se sienten en confianza para contar sus problemas con sus compañeros de grado o no reciben la atención adecuada por parte de sus familiares cuando se deciden a compartir algún incidente dentro del aula, por lo que muchas veces la perspectiva de los maestros y de los padres sobre el *bullying* pueden ser totalmente distintas y por lo tanto no se tomarán medidas integradas para buscar la resolución del acoso.

En términos generales, podríamos decir que los niños más pequeños son más comunicativos y expresan más fácilmente lo que sucede en la escuela y si son o no "buleados", pero en la medida que aumenta la edad, los jovencitos se vuelven más herméticos y reservados y es poco lo que comparten con sus padres de lo sucedido en la escuela y entre sus compañeros. Desde luego el *bullying* con consecuencias físicas se descubre más fácilmente que el que implica agresiones verbales o insidiosas que siempre son más difíciles de descubrir y definir. Padres y maestros deben estar igualmente atentos para la detección temprana del problema.

¿Y EL APRENDIZAJE?

Existen factores de personalidad, problemas de aprendizaje y de conducta que pueden correlacionar significativamente con la violencia juvenil como la hiperactividad, el bajo control de impulsos y los problemas de atención. Muchas investigaciones prueban que en la hiperactividad los altos niveles de osadía, deseo de correr riesgos, problemas de concentración y dificultades de atención antes de los 13 años de edad fueron las características que correlacionaron con niveles altos de agresión en los preadolescentes y jóvenes. Es importante señalar que igualmente se ha encontrado una tendencia a que una inteligencia limítrofe y niveles bajos en el rendimiento escolar aparecen frecuentemente en adolescentes con conductas delictivas juveniles. Un dato relevante es que al parecer la ansiedad no correlaciona significativamente con la violencia.

Veamos el tema en detalle. Cuando se habla de un niño o adolescente con un "trastorno de comportamiento perturbador" hablamos de un patrón de conducta persistente (que no se da excepcionalmente) repetitivo e inadecuado para la edad del menor. No todos los niños con estas características presentan este trastorno con la misma intensidad ni con conductas alteradas exactamente iguales, ni aparecen siempre todas y cada una de las características, pero sí podemos decir que aparecen una serie de categorías conductuales (de acuerdo con el DSM-IV) como:

Trastorno por déficit de atención y comportamiento perturbador:

a) Perfil negativista desafiante (DSM-IV-TR, 2002) o según la OMS 1992: Trastorno disocial desafiante y oposicionista.
· Dificultades para la atención y concentración.
· Hiperactividad.
· Dificultades para el aprendizaje.
· Patrón de comportamiento persistentemente desafiante y agresivo con pares y adultos.
· Los trastornos de conducta provocan problemas relevantes en la actividad escolar y social.
· Se oponen frecuentemente a las instrucciones de los adultos.
· Son irritables.
· Groseros y faltos de colaboración con los demás.
· No hay agresiones físicas a otras personas o animales.

Este trastorno disocial se da fundamentalmente en niños en edades inferiores a los diez años y deben observarse cuatro o más síntomas durante al menos seis meses, profesionalmente evaluados, para llegar a este diagnóstico. Estos niños frecuentemente pueden presentar conductas de acoso o intimidación en la escuela. Hay que mencionar también que en estos casos no hay violación de las leyes; o sea no hay robo, tortura, ataque o destrucción.

b) Trastorno disocial (DSM-IV-TR, 2002) o según OMS 1992.
· Déficit de atención y/o conductas hiperactivas.
· Se violan los derechos de otras personas y las normas sociales.
· A menudo amenaza o intimida a otros.
· Emplea utensilios como armas (botes, piedras, navajas, etc.).
· Crueldad con personas o animales.
· Robo o intento de robo.
· Destrucción de objetos o propiedades de otras personas.
· Intento o violación sexual.

- A menudo miente para obtener bienes o favores.
- Falsificación de documentos (calificaciones, permisos, etc.).
- No obedece instrucciones paternas.
- Deterioro del rendimiento escolar y social.
- Molesta a otros deliberadamente.
- Es rencoroso y vengativo.
- Inicia con frecuencia peleas físicas.

El inicio de este trastorno puede darse desde la infancia y acentuarse durante la adolescencia.

En el proyecto de Filadelfia, las puntuaciones bajas en el cociente intelectual (CI) a las edades de cuatro y siete años así como las puntuaciones bajas en las pruebas de aprovechamiento escolar a los 13 y 14 años se vincularon con una mayor probabilidad de ser detenidos por violencia antes de los 22 años de edad.

Una investigación efectuada en Copenhague, Dinamarca, que incluyó a más de 12,000 niños nacidos en 1953 mostró que el CI bajo a los 12 años de edad predecía con bastante exactitud la violencia registrada por la policía entre los 15 y los 22 años. La conexión entre el CI y la violencia fue más marcada entre los niños de los grupos socioeconómicos más bajos. La impulsividad, los problemas de atención, la baja inteligencia y el bajo rendimiento escolar pueden estar vinculados con deficiencias en las funciones ejecutivas del cerebro, ubicadas en los lóbulos frontales, como ya mencionamos en otros capítulos.

Observar estas conductas y el aprovechamiento escolar es de la mayor importancia para poder predecir y corregir el problema del *bullying* yendo a la raíz del problema.

17.- El elenco: las víctimas, los victimarios y los testigos

Vilfredo Pareto fue un sociólogo, ingeniero, filósofo y economista, nacido en Francia en 1858. Hijo de padres italianos, llevó a cabo todos sus estudios en Italia. Su dominio de muy variadas materias le permitió hacer aportaciones destacadas en diversas áreas del conocimiento. Este inquieto académico, entre otras contribuciones, enunció una curiosa ley –conocida ahora como el Principio de Pareto o la Ley de Koch– que llega hasta nuestros días y puede aplicarse prácticamente a todos los campos y que es válida también en el problema del *bullying*.

Este principio conocido también como la regla 80/20 consiste básicamente en que dentro de cualquier situación humana se establecen dos grupos de proporciones 80-20: uno minoritario, formado por un 20% de población, que tiene el 80% de algo y un grupo mayoritario, formado por un 80% que tiene el 20% de ese mismo algo.

Veamos ahora este principio en cuanto al *bullying*. Como sugieren Swearer, Espelage y Napolitano en su libro *Bullying, Prevention & Intervention* (2009), 80% de los casos de *bullying* son perpetrados por el 20% de los estudiantes, de tal suerte que si pudiéramos actuar sobre ese 20% de la población escolar se reduciría casi en su totalidad el fenómeno del *bullying* para esa comunidad. La solución del problema está en actuar eficientemente sobre ambos grupos para disminuir la probabilidad de que se genere el incidente.

FACTORES A TOMAR EN CUENTA

Antes de proceder a la implementación de las soluciones y medidas preventivas, diagnósticas y reactivas, es necesario tomar en cuenta en una primera instancia y en términos generales los siguientes factores:

1. Individuales. Las características de víctima y victimario. Definir en términos generales cuáles son las características principales de los niños involucrados: ansioso, desmotivado, depresivo, con déficit de atención, impulsividad, con problemas de aprendizaje, etcétera.

2. Familiares. Qué está sucediendo dentro de la familia de la víctima y el victimario. Definir en términos generales cuáles son las características principales de la familia: violencia intrafamiliar, violencia hacia el niño, padres ausentes, padres indiferentes, padres abusivos, baja supervisión.

3. Escolares. Qué está sucediendo en la escuela. Definir en términos generales cuáles son las características principales de la escuela: escuela tradicional, escuela de reglas relajadas, *bullying* entre maestros; *bullying* entre adultos, ambiente escolar ordenado y motivante.

4. De los compañeros. Cuál es el ambiente en el salón de clases ante la víctima y el victimario. Definir en términos generales cuáles son las características principales del salón de clases: se tolera el *bullying*, se practica entre pares, existe un grupo de acosadores, es sólo un alumno, el grupo es indiferente ante la víctima o el grupo lo defiende.

5. De la comunidad. Qué está sucediendo en la colonia o barrio. Definir en términos generales cuáles son las características principales de la comunidad: altos niveles de agresión en la comunidad o barrio, la escuela es parte importante de la comunidad o no, condiciones socioeconómicas, seguridad, presencia de jóvenes delincuentes.

Y ahora definamos a los principales actores que forman parte del elenco del *bullying*:

A) Las víctimas
Características más comunes*:
- Sentimientos de soledad y abandono.
- Inseguridad.
- Depresión.
- Ansiedad.
- Introversión.
- Desmotivación para acudir a la escuela.
- Bajo rendimiento escolar.
- Ideas suicidas.
- Baja confianza en sí mismo.
- Somatizaciones: dolores de cabeza, de estómago, etcétera.

* No todas estas características tienen que estar presentes simultáneamente.

DISTINTOS TIPOS DE VÍCTIMAS

Los niños, en términos generales, pueden ser objeto de *bullying* simplemente por ser los nuevos, por su preferencia sexual, el color de su piel, su gordura o delgadez, su apariencia física, su forma de hablar, un tic, una forma de caminar o por cualquier característica que lo distinga del grupo, bien sea una timidez extrema o el intento mismo de pasar inadvertido por sus compañeros. Podríamos decir que en general casi cualquier niño puede ser víctima de hostigamiento.

Sin embargo, muchos expertos (Cindy Miller, LCSW y Cynthia Lowen, 2012) han distinguido algunas características que permiten agrupar a las víctimas en tres categorías principales:

1. Víctimas pasivas

Se podría pensar que por ser inofensivos no deberían ser un blanco apetitoso para el acoso. Se trata de niños tímidos, sumisos, inseguros, que lloran fácilmente y hablan poco, y no se muestran especialmente contentos en el debate, la competencia o en la discusión.

En muchas ocasiones pueden ser incluso débiles físicamente y frágiles emocionalmente. Sus capacidades sociales son limitadas y tienden a tener pocos amigos.

2. Víctimas provocativas

Son niños con dificultades para manejar sus emociones. Su conducta social puede llegar a ser francamente inadecuada y/o retadora. Pueden ser víctimas y victimarios simultáneamente dependiendo del momento, grupo y/o contexto en el que se muevan. Su conducta es ocasionalmente bravucona y no saben retirarse o retractarse a tiempo. Se ven involucrados fácilmente en problemas.

3. Víctimas indirectas

Observan el acoso contra otros, no hacen nada por impedirlo pero sufren emocionalmente por ello. Son niños sensibles y con buena capacidad empática, pero incapaces de actuar en consecuencia.

En términos generales hay sólo unas cuantas respuestas posibles por parte de las víctimas que sufren el *bullying*:

· Confrontación física o verbal a los acosadores.

· Huida o escape de los "buleadores".

· Incapacidad para reaccionar en uno u otro sentido. Paralización de respuestas por temor.

B) Los victimarios

Podríamos decir que independientemente del nivel escolar, socioeconómico, o aspectos específicos de personalidad, los niños que son acosadores comparten muchas características:

· Impulsividad.

· Liderazgo.

· Mal manejo de la agresividad.

· Depresión.

· Baja autoestima.

· Bajo rendimiento escolar.

· Problemas de orden emocional.

· Baja capacidad para la empatía y solidaridad.

· Ambiente agresivo en el hogar.

· Antecedentes de abuso en la casa.

· Conductas potencialmente violentas.

· Se escudan en el anonimato de redes sociales e Internet.

· Prefieren amigos virtuales que reales.

· Baja tolerancia a la frustración.

· Inmadurez emocional.

· Buscan atención y reconocimiento de sus compañeros a través de sus acciones.

· Les satisface ser temidos y "respetados" por su agresión y violencia.

· "Bulear" les permite establecer ante su grupo su preeminencia y liderazgo.

· Alta capacidad de manipulación.

· Problemas para seguir reglas y respetar a la autoridad.

· Dificultades para el trabajo en equipo.

*No todas estas características tienen que estar presentes simultáneamente.

C) Los Testigos

Numerosas investigaciones han demostrado que cuando los niños son testigos repetidamente de escenas de intimidación, se elevan sus niveles de estrés, ansiedad y depresión. Aumenta la presencia de pesadillas nocturnas, baja la motivación para acudir a la escuela y evitan ciertas situaciones o eventos para no estar presentes en las escenas de intimidación. Existen en general tres tipos principales de testigos:

1. Cómplices.

Se les conoce también como la "mayoría silenciosa". Apoyan a los victimarios activos y disfrutan del espectáculo pero no participan directamente en la intimidación. Pueden llegar a fotografiar o filmar la escena del *bullying* y subirla posteriormente a redes sociales sin responsabilizarse de ello. Esparcen chismes, hacen bromas y chistes alrededor de las víctimas. Su actitud refuerza la conducta de los intimidadores activos.

Algunos observadores pueden sentirse incómodos y desagradados cuando alguien sufre el *bullying*. Sin embargo, no hacen nada para defender a la víctima. Los testigos cómplices en general refuerzan al acosador y le hacen ver que no tienen consecuencias sus actos y puede actuar con absoluta impunidad.

2. Cómplices adultos.

Padres, maestros, choferes del camión escolar, prefectos, cuidadores, hermanos mayores, etc. pueden formar parte también de los cómplices ya que pueden evitar intervenir ante una situación de intimidación. Tal como puede sucederle a los niños, muchos de ellos no saben cómo actuar ni cómo comportarse ante una situación de acoso. En otros casos no saben definir claramente qué es el *bullying* y cuando se trata simplemente de un "juego entre compañeros" al que no hay que darle mucha importancia. Desgraciadamente hay que reconocer que en muchos ambientes y comunidades el *bullying* es considerado aún hoy "parte del crecimiento" o "un problema por el que pasamos todos" y por lo tanto no se le atiende con la necesaria seriedad y profesionalismo.

La indiferencia de los adultos ante las acciones del "buleador" refuerza su conducta al saber que tácitamente está recibiendo aprobación por parte de los adultos.

3. Defensores.

Aparecen con mayor frecuencia en espacios donde el *bullying* no es aceptado ni tolerado. En este caso los testigos se ven más fácilmente transformados en defensores. En muchas ocasiones el defensor no sabe cómo actuar o qué decir ante la intimidación a otro. Sólo los niños con confianza en sí mismos pueden enfrentarse al acosador. Muchas veces tienen miedo de que la violencia se vuelva contra ellos. Su ambivalencia entre defender o no está generalmente marcada por el consejo que han recibido en muchos casos de "no meterse en lo que no te importa". Tienen miedo de asociarse con las víctimas que a menudo son niños impopulares. Si por miedo no logran sobreponerse y defender a la víctima, se sienten culpables y avergonzados por su conducta.

Como podemos ver, el elenco completo del *bullying* comparte más de una característica. Niños y adultos se ven afectados por igual en este círculo vicioso que sólo se puede romper estando atentos y actuando con un amplio sentido de comunidad, entendiendo por comunidad que cualquier persona que esté relacionada con el niño puede ser parte del problema o de la solución.

18.- *Cyberbullying*: una forma nueva de acosar

El problema del *bullying* ha adquirido mayores alcances y dimensiones con las nuevas tecnologías en comunicación. Si antes los niños temían ir a la escuela por el acoso que sufrían por parte de algunos de sus compañeros, hoy en día la intimidación los acompaña en la casa y casi en cualquier tiempo y espacio del planeta. Como diría Bronislaw Malinowski (2001), el refundador de la antropología social, en cuanto al Kula: "una vez en Internet, siempre en Internet". Nada más terroríficamente cierto.

Los mensajes denigrantes, los comentarios agresivos, la discriminación al diferente, las fotos íntimas impunemente exhibidas, entre otras vilezas, tapizan las pantallas de computadoras, tabletas y teléfonos inteligentes de una buena parte de los niños del mundo. Frecuentemente el *cyberbullying* [ciberacoso] tiene como víctimas a los mismos niños que son agredidos en el mundo real. Recordemos además que el anonimato forma parte de las redes sociales y la mayoría de las veces lo que se dice en Internet difícilmente se diría cara a cara. Además de que una persona puede tener identidades múltiples o suplantar la identidad de otro para intimidar.

De acuerdo con datos publicados en 2013 por la Asociación Mexicana de Internet (AMPICI) en nuestro país existen alrededor de 45.1 millones de cibernautas y de ellos 15 millones tienen menos de 18 años de edad (entre seis y 17 años), estos niños y jóvenes pasan un promedio de cinco horas frente a la computadora y otros dispositivos similares como tabletas o teléfonos inteligentes. Aunado a esto, la interacción a través de las redes sociales es la actividad que más los ocupa al navegar. Dimensionemos entonces la gravedad del problema.

Más cifras: de acuerdo con el reporte del 2015 sobre seguridad en hogares, *Norton Online Family*, los niños de México son cada vez más propensos a ser víctimas del *cyberbullying*. Los datos de esta investigación arrojan que en los últimos cinco años el 81% de los niños entre 12 y 17 años han declarado tener alguna experiencia de acoso en la red. El 61% reportó una experiencia "muy mala" en Internet que incluía el acoso por medio de imágenes de contenido sexual. Este mismo reporte señala que sólo el 5% de los padres conocen qué páginas visitan frecuentemente sus hijos o si son o han sido sujetos de intimidación.

El fenómeno es escasamente reportado ante las autoridades y por lo tanto existe una cifra negra importante de delitos de este tipo no denunciados. Gustavo Caballero, coordinador de la Unidad de Investigación Cibernética de la Procuraduría General de Justicia del D.F. (PGJDF) reporta que de 2009 a la fecha la dependencia a su cargo ha recibido un número escandalosamente bajo de denuncias de *cyberbullying* o *sexting*, por ejemplo: durante 2014 ¡sólo recibió una denuncia por pornografía infantil!.

Para las autoridades de la PGJDF el *cyberbullying* es "el contacto recurrente a través de medios electrónicos que afecte psicológica o emocionalmente a una persona". Este delito no se encuentra tipificado aún en el Código Penal de nuestro país.

ALGUNAS EXPERIENCIAS INTERNACIONALES

En términos generales el *bullying* y el *cyberbullying* atentan contra los Derechos del Niño que aparecen por primera vez en la Declaración de Ginebra de 1924 y posteriormente en 1959, adoptada por la ONU y que entró en vigor en México en 1990. Estos derechos están consagrados también en la Declaración Universal de los Derechos Humanos.

Otros importantes organismos como la UNICEF (instancia dependiente de las Naciones Unidas) han expresado su preocupación porque ya existan medidas en el mundo para la prevención de esta nueva forma de violencia contra la niñez.

México

En nuestro país actualmente están vigentes las siguientes leyes:

· Ley General para la Promoción de la Convivencia Libre de Violencia en el Entorno Escolar.

· Ley General de Convivencia, Prevención, y Atención al Acoso Escolar.

En el D.F. y desde el 2013 contamos con la Policía Cibernética, cuyo propósito es vigilar el ciberespacio para detectar delitos como pornografía infantil, robo de identidades, fraudes, etcétera.

En México, como veíamos antes, no se ha legislado hasta hoy sobre el tema a nivel federal y sólo un estado, Nuevo León, ha hecho leyes que castigan con un máximo de cinco años de prisión a quien cometa este delito por Internet. Otros estados como Jalisco, Baja California, Chihuahua, Nayarit, Puebla, Tamaulipas, Veracruz y el propio D.F. están trabajando en la creación de leyes contra el *bullying* pero aún no específicamente contra el *cyberbullying*.

Sin embargo, mientras escribo este texto se da a conocer que el senador Omar Fayad, Presidente de la Comisión de Seguridad del Senado, ha presentado, en octubre de 2015, una iniciativa al Congreso para combatir los ciberdelitos que incluye una legislación específica sobre este tipo de abusos contra niños, niñas y adolescentes que se calcula han causado pérdidas por más de tres mil millones de dólares anualmente a empresas y particulares, por no hablar de lo verdaderamente importante: los daños emocionales y psicológicos muchas veces irreversibles de las víctimas.

El maestro de la UNAM, Renato Hernández (2015), que formó parte de este esfuerzo dijo que "el Estado tiene actualmente poca capacidad para inhibir conductas que generan riesgos para niños, niñas y adolescentes y por ello se debe plantear un proceso de actualización, estandarización y homologación en materia penal, procesal y de atención a víctimas" (Comunicado-381 del 24 de octubre del 2015; www.senado.gob.mx).

La seguridad cibernética en nuestro país es responsabilidad de la Comisión Nacional de Seguridad a cargo de la Secretaría de Gobernación y desde el 2013 en el D.F. se cuenta con la Policía Cibernética que tiene entre sus funciones patrullar el ciberespacio en cuanto a *cyberbullying*, pornografía infantil, robo de identidades y otras infracciones y delitos digitales.

Chile

En este país en 2011 se promulgó la Ley Sobre Violencia Escolar. Esta ley define claramente el problema:

"Acoso escolar es toda agresión u hostigamiento reiterado que se haga dentro o fuera del establecimiento, por un grupo o un estudiante que atente contra otro, generando maltrato, humillación o temor tanto de manera presencial como por medios tecnológicos"

O sea, esta ley incluye también el *cyberbullying* como delito tipificado.

Estados Unidos

En el estado de California se promulga la primera ley contra el *cyberbullying* en 1999 y existen regulaciones similares en Florida, Texas y Missouri. Recientemente este problema ha sido analizado para su inclusión en la ley federal del país, pero hasta el momento no existe una legislación a nivel nacional que trate específicamente el *cyberbullying* y las denuncias se dirimen de acuerdo con lo que decida cada uno de los estados de la Unión Americana según sus estatutos.

España

El *cyberbullying* tampoco está tipificado en el Código Penal de este país. Lo mismo sucede en Perú, Colombia, Argentina y prácticamente en el resto de los países latinoamericanos donde apenas se están formulado leyes contra el acoso escolar, pero no específicamente contra el *cyberbullying*.

En muchos países existen agrupaciones, fundaciones, asociaciones y algunos esfuerzos gubernamentales para prevenir el *cyberbullying*, pero como vemos deberían ser sólo un punto de partida ya que bien a bien no se ha legislado sobre el tema para implementar penalidades a los infractores ni se han realizado campañas efectivas en medios de comunicación para prevenir la aparición de este problema. Es un asunto grave que requiere la implementación de políticas públicas y la capacitación de padres y maestros para que conozcan a fondo el fenómeno y puedan prevenirlo y manejarlo cuando aparezca.

EL *CYBERBULLING*, EL *SEXTING* Y EN GENERAL EL ACOSO EN INTERNET

Cyberbullying

Características:

A través de la red se somete a violencia verbal, humillación, amenazas, imágenes denigrantes u ofensivas o discriminación a la víctima. Estos mensajes se muestran a más personas y se suben y replican en redes sociales e Internet con el objetivo de que perduren en el tiempo.

En este caso los contenidos digitales son violentos, se da la reiteración del mensaje para lograr mayores alcances temporales y personales y generalmente el agresor posee mayores habilidades tecnológicas que el agredido.

En esta forma de acoso existen los siguientes personajes, similares a los que participan en el *bullying* cara a cara:

- El victimario.
- La víctima.
- Los espectadores (en este caso tienen un papel activo ya que reproducen el mensaje sin hacer nada por evitarlo, si no más bien colaborando a su difusión).

Sexting

Características:

Engloba una serie de conductas específicas de acoso y esta palabra está compuesta de dos partes: *sex* (sexo) y *texting* (envío de mensajes en un principio por SMS y actualmente en una diversidad de formatos que incluyen foto y video con desnudez y/o actos sexuales).

De acuerdo al Instituto Nacional de Tecnologías de la Comunicación el *sexting* es la "difusión y/o publicación de contenidos de tipo sexual producidos por el remitente, empleando para ello el celular o cualquier otro dispositivo tecnológico".

Mayormente estos contenidos son realizados con el consentimiento inicial de la futura víctima. Fotos íntimas entre una pareja, videos o fotos como regalo personal en un aniversario, etc. El compromiso de privacidad se rompe por parte del victimario y, valiéndose de dispositivos tecnológicos, estos materiales se envían a otras personas lo que hace que la situación se vuelva incontrolable por la difusión masiva de estos contenidos.

Esta forma de intimidación es preferida (de acuerdo con encuestas internacionales) mayoritariamente por adolescentes hombres que por mujeres, de entre 13 y 18 años. Entre las adolescentes el *sexting* puede usarse como una forma de chantaje con alguna compañera, diciéndole que se subirá su desnudo en la red y/o se enviará a sus compañeros hombres.

Vale la pena mencionar que aún no se disponen de estudios longitudinales que permitan conocer a mediano y/o largo plazo cuáles son las consecuencias emocionales de esta forma de intimidación.

Un dato interesante mencionado en el libro de Elizabeth Kandel Englander, *Bullying and Cyberbullying* (Harvard Education Press, 2013) es que los victimarios de Estados Unidos en *high school* son mayormente activos sexualmente y en una proporción mayor que las víctimas. En México hasta el momento no existe investigación al respecto.

Igualmente se ha encontrado que los ciber acosadores tienen una mayor propensión a la depresión, al abuso de alcohol y/o otras drogas ilegales, dificultades en cuanto al control de la agresión y en muchos casos provienen de hogares violentos.

Un grave problema adicional del *sexting* es que estas fotografías o videos de jovencitos caigan en manos de pedófilos o depredadores sexuales comunes en la red. De ahí la necesidad de una regulación al respecto.

De acuerdo con Ernesto Ibarra Sánchez (2014), maestro de la Facultad de Derecho e investigador del Instituto de Investigaciones Jurídicas de la UNAM, el *sexting* se puede considerar un delito (en algunos casos como pornografía infantil) cuando un niño está involucrado en el contenido del mensaje. Además, este jurista considera importante que México se adhiera al Convenio de Budapest sobre Cibercriminalidad que es el primer tratado internacional que obliga a los Estados a implementar medidas legislativas para tipificar delitos informáticos y delitos relacionados con la pornografía infantil, entre otros, mediante la cooperación internacional. Países como Canadá, Japón y Estados Unidos han suscrito ya este convenio.

Desde luego el hecho de que existan experiencias desafortunadas o incluso delictivas a través de las redes sociales no quiere decir que debemos silenciarlas o prohibirlas a nuestros hijos. Esto sería como si impidiéramos a los jovencitos aprender a manejar por temor a un accidente o con el mismo criterio catastrofista no viajáramos en avión. El reto para la sociedad de nuestros tiempos es lograr una educación en la casa y la escuela que logre el buen uso de estas muy útiles herramientas por todos, especialmente por niños y adolescentes.

19.- Prevención e intervención

Dada la frecuencia y persistencia de los problemas de acoso escolar en México, consideramos de la mayor importancia la implementación de acciones preventivas y de intervención, tanto en el hogar como en la escuela, para atacar y enfrentar este grave problema.

La premisa básica de la que debemos partir es que la escuela debe ser un espacio que otorgue seguridad física y emocional a todos los niños (y adultos) que acudan a ella. Esto que parece una afirmación sencilla y simple, desafortunadamente no se logra en numerosos colegios donde no existe un protocolo de acciones que salvaguarden al centro escolar del acoso y la intimidación.

Simplemente pregunte usted al director de la escuela de sus hijos si en ese centro educativo existe un código de conducta que prevenga o corrija el *bullying*. En la mayoría de los casos la respuesta es no, ya que la mayoría de los centros educativos de nuestro país no cuentan con políticas *anti-bullying* y por lo mismo las autoridades de estos centros no saben con claridad cómo manejar el problema cuando se presenta.

En algunos casos hay maestros que hablan del castigo, la suspensión o la expulsión del alumno acosador como medidas aparentemente correctivas. Desde luego, esto no resulta suficiente ni eficaz en la mayoría de los casos y no produce cambios permanentes que erradiquen el *bullying* del colegio. En muchas ocasiones estos correctivos pueden conducir a efectos contraproducentes tanto en víctimas como en victimarios.

Si como hemos analizado, el acoso escolar es una forma de relación grupal perturbada que incluye al acosador, a la víctima y a los espectadores, el objetivo de este conjunto de medidas deberá propugnar por lograr un ambiente escolar en donde se desarrollen conductas socialmente respetuosas y alejadas de la agresión para todos y entre todos.

Desde luego, este cambio sólo será posible si se trabaja de la mano con los padres de familia y con la comunidad escolar en su totalidad.

Y AHORA... ¿QUÉ HACEMOS?

1. Definamos qué vamos a entender por *bullying* en la escuela y en la familia e informémoslo a todos.

Esta medida sencilla evita confusiones, arbitrariedades, inconsistencias y permite a todos, alumnos, maestros y padres conocer cuáles son las reglas básicas de convivencia que se deben respetar en la escuela y/o en la casa y que de no hacerse implicarán una sanción o una respuesta desaprobatoria de todos.

Esta primera definición de acoso escolar podrá ser tan detallada como se requiera y podrá precisar, por ejemplo, que el *bullying* incluye la no aceptación y/o desaprobación de cualquier agresión física o verbal o conductas derogatorias y/o discriminatorias contra otra persona en razón de su color, raza, preferencia sexual, peculiaridades físicas, discapacidad, religión y cualquier otra que se acuerde y que conlleve un abuso de poder de uno frente a otro.

Esta definición deberá integrarse y acordarse con los padres, maestros y toda la comunidad escolar y/o toda la familia para lograr consensos y mejores resultados.

2. Sensibilicemos a los padres.

Resulta de la mayor importancia involucrar a los padres para la generación de un ambiente hogareño que no produzca ni víctimas ni victimarios. Los acosadores no aparecen de un momento a otro ni se generan de la nada, detrás de ellos hay una historia conflictiva que hay que rastrear. Para ello será importante por parte de los maestros mantener un contacto habitual con los padres, así como tener con ellos pláticas frecuentes de sensibilización y explicación sobre el acoso escolar.

La colaboración de los padres es un factor muy importante para la prevención temprana y corrección del *bullying*. De los padres depende en buena medida identificar las necesidades educativas y emocionales de sus hijos y buscar formas adecuadas de atenderlas, lo que disminuirá significativamente el riesgo de la aparición de conductas intimidantes.

En estas reuniones es importante identificar factores de riesgo en la casa como:

· Castigos frecuentes inconsistentes (a veces sí, a veces no) y, por lo tanto, inefectivos.
· Padres desinteresados o negligentes.
· Padres abusadores, golpeadores o propensos al maltrato físico o verbal.
· Bajo interés de los padres en involucrarse o participar en tareas o eventos escolares.
· Niños cuidados por terceros por los horarios de trabajo de los padres.
· Padres agresivos verbal o físicamente con otros adultos o entre ellos mismos.
· Padres exigentes que presionan y demandan mucho de sus hijos.

Se sugiere a los padres en una primera instancia:

· Establecer una relación de cercanía y confianza con sus hijos.

- Fortalecer la socialización y los lazos afectivos fuera y dentro de la familia.
- Conocer personalmente y establecer una relación con los amigos y compañeros del hijo.
- Comunicarse con los maestros e interesarse y dar seguimiento a la actuación del niño en la escuela: en clase, en el recreo y en actividades extra escolares.
- Asistir a las reuniones de padres y maestros.
- Estar atentos a cambios de carácter, conductuales o en los hábitos del niño que pueden estar relacionados con problemas en la escuela.
- Es muy importante que los padres reflexionen para identificar qué mensajes están enviando a sus hijos en cuanto a agresión, violencia, solidaridad, etc.
- La relación entre observar la violencia en casa y trasladarla a la escuela está más que probada. Si el niño aprende a resolver problemas a través de la agresión que observa entre sus padres o hermanos, llevará este tipo de soluciones a la escuela.

3. Capacitemos a los maestros.

Desafortunadamente muchos maestros y autoridades escolares no conocen la complejidad del tema del acoso escolar. Una parte realmente importante de la verdadera reforma educativa, sería que los educadores tuvieran acceso a seminarios y talleres donde se les capacitara para conocer, reconocer y enfrentar este problema.

Una de las obligaciones de los maestros debe ser integrar a los niños a un contexto social respetuoso y hacer de los educandos individuos capaces de integrarse en lo individual y en lo colectivo.

Los maestros, por lo tanto, deberán ser capaces de definir los siguientes puntos con relación a los alumnos en la escuela y en el salón de clases:

- Evaluar la magnitud y alcance del problema del acoso en el centro escolar. Muchos maestros no advierten que en su salón de clases se está dando el *bullying*. Numerosas investigaciones en otros países muestran (Holt y Keyes, 2004) que los maestros en general no tienen la capacidad de observación para la identificación de estos conflictos en sus etapas tempranas. Si se lograran identificar los conflictos en sus primeras manifestaciones, serían más fáciles de resolver.

· Sumar a la comunidad escolar (padres y alumnos) en la estrategia de prevención y corrección.

· Fijarse objetivos concretos para lograr un ambiente de bienestar en el centro educativo.

· Diseñar formas sencillas para evaluar avances y retrocesos en la consecución de los objetivos planteados.

· Buscar nuevas metodologías y aplicaciones pedagógicas que tomen en cuenta los aspectos sociales y afectivos del alumno.

· Buscar apoyo especializado en temas como:

- Manejo de la agresividad en los niños.
- Manejo de alteraciones conductuales.
- Técnicas para la resolución de conflictos.

Estrategias didácticas para incrementar el espíritu de respeto, empatía, cooperación, convivencia y solidaridad dentro de la escuela.

Una recomendación más: está bien establecido que los "castigos ejemplares" no reducen las conductas de intimidación y acoso y, por el contrario, favorecen más conductas antisociales o francamente delictivas a mediano plazo. Evitémoslo.

4. Convoquemos a todos los niños a ser parte de la solución del problema.

Un primer paso para lograr esto es establecer un código de conducta que sea realizado con el consenso y la participación de toda la comunidad escolar.

Lo importante de este acuerdo es que se respete y no sea sólo un listado de buenas intenciones, sino que efectivamente funcione como una serie de reglas básicas de convivencia a seguir. Este protocolo deberá tener un carácter formativo y garantizar los derechos de todos los alumnos y fundamentalmente trabajar por mejorar las relaciones de los miembros del centro escolar, entre ellos y con los niños, así como evitar la implementación impulsiva de castigos o acciones correctivas. Lo que podemos esperar de este acuerdo es que los límites determinados por toda la comunidad mejoren sustancialmente las relaciones socioafectivas de los niños.

Hoy sabemos que el castigo como una forma correctiva contra las conductas de acoso no da buenos resultados ni modifica estos comportamientos efectivamente (Skiba *et al.*, 2006). Muchos autores recomiendan reservar el castigo o la expulsión sólo ante casos extremadamente graves y sólo después de un diagnóstico psicológico que permita saber que estas medidas no agravarán el problema del niño agresor.

Resulta de la mayor importancia pedirles a nuestros hijos reiteradamente que en cuanto suceda una situación de *bullying* en la escuela o en cualquier lugar, deberán reportarlo a la brevedad al adulto más cercano a ellos y pedirle intervención y ayuda.

5. Identifiquemos a los "buleadores" y a las víctimas. Otorguemos atención personalizada y especializada.

Los alumnos que individualmente o en grupo no cumplan este código de conducta convenido por todos, deberán en primer término recibir atención por parte de sus padres y maestros así como apoyo y/o tratamiento psicológico.

Etapa I

Estas medidas se pueden tomar cuanto las conductas agresivas no son graves ni repetitivas:

- Entrevista con los padres y evaluación de la situación familiar.
- Evaluación del contexto social (amigos, drogas, violencia en el lugar de vivienda, etc.).

· Evaluación del rendimiento escolar; áreas fuertes y débiles.

· Evaluación y descripción de las características básicas del patrón conductual al agredir.

· Definir características del alumnado del salón de clases donde se presenta el problema.

· Definir factores a favor y factores de riesgo.

· Describir y analizar las características de la o las víctimas que prefiere el acosador y el tipo de intimidación que ejerce.

· Definir características de amonestaciones privadas y por escrito.

· Escuchar razones y explicaciones del agresor atentamente.

· Realizar actividades que fortalezcan su respeto y solidaridad por y con el otro.

Etapa II

Cuando aparecen conductas gravemente alteradas y que impiden la convivencia en la escuela como:
· Agresiones verbales y/o físicas.
· Actos de acoso, intimidación y discriminación contra pares o superiores.
· Daños a las instalaciones escolares derivados de pleitos y riñas.
· Actos que ataquen o potencialmente puedan atacar la integridad física de miembros de la comunidad escolar.
· Chantajes y amenazas.
· Acoso permanente.
· Burlas y humillaciones.
· Robo, mentiras y engaños.

Sugerimos las siguientes acciones:
1. Evaluación psicológica y psicopedagógica del niño agresor y de la o las víctimas que determine profesionalmente la estrategia

a seguir y oriente a padres, compañeros y maestros. Esta evaluación debe incluir básicamente mediciones sobre:

· Depresión.
· Niveles de ansiedad.
· Niveles de agresividad e impulsividad.
· Déficit de atención y otros problemas de aprendizaje.
· Hiperactividad.
· Desórdenes cognoscitivos.
· Pruebas proyectivas que permitan evaluar: confianza en sí mismo, autoconcepto, habilidades sociales, inteligencia emocional y relación con la autoridad.
· Trastornos emocionales.

Toda esta información permitirá llevar a cabo un modelo de intervención personalizado, que puede incluir tratamientos psicoterapéuticos y clínicas de manejo de la agresión.

En muchos casos resulta conveniente la designación de un tutor (un maestro) dentro del centro escolar que establezca una relación cercana y de confianza con el niño y el establecimiento de reuniones periódicas con los padres.

2. Los niños o la comunidad de "espectadores" deben ser también involucrados en el proceso de eliminación de las conductas de acoso. En este caso hacemos las siguientes recomendaciones:

· Promover las dinámicas de grupo o reflexiones colectivas sobre la participación de todos, (incluso con indiferencia y falta de apoyo a la víctima) en la generación del *bullying*.
· Hacer explícitas las razones del por qué los "espectadores" no actúan para defender a la víctima: miedo, inseguridad, indiferencia, etc.
· Lograr disgregar a las pandillas de acosadores a través de la intervención con cada uno de ellos.

· Mostrar a las pandillas formas socialmente aceptables de mostrar su liderazgo.
· Explicar a los padres el papel de los "espectadores" y la conveniencia de que ellos sensibilicen a sus hijos para que no sean cómplices pasivos del acoso.

¿Y EN EL CASO DEL *CYBERBULLYING*?

Comencemos con algunas recomendaciones generales:

1. No dejemos que niños y adolescentes tengan acceso a computadoras desde su cuarto o lugares donde no tengan apoyo y supervisión. Esta recomendación es importante tanto para los niños acosados como para los acosadores.

2. Los teléfonos inteligentes y las tabletas sólo deben de comprarse a los niños que comprendan y sean advertidos de las consecuencias que puede tener enviar o recibir mensajes.

Muchos padres están atrasados tecnológicamente con relación a sus hijos. Si queremos apoyar y proteger a nuestra familia es de la mayor importancia que conozcamos estos nuevos medios de comunicación y los sepamos usar y administrar. Es importante igualmente y mientras nuestros hijos sean niños o adolescentes ver junto con ellos sus redes sociales (Twitter, Facebook, correo, etc.) y estar atentos al tipo de mensajes que ellos mandan o reciben.

Los padres deben buscar una buena comunicación con sus hijos en cuanto a qué páginas visitan o en qué *chats* participan en Internet y redes sociales. Los niños se deben de sentir en confianza para contarle a sus padres que han sufrido alguna forma de *cyberbullying*. Es importante que padres y maestros hablen con los niños sobre el buen uso de la tecnología y los informen sobre los alcances y peligros del *cyberbullying*.

Por su parte, la escuela deberá establecer un reglamento sobre el uso de teléfonos inteligentes y tabletas dentro de la escuela. Padres y maestros deben conocer en qué páginas o sitios los niños pasan su tiempo en el uso de estas nuevas tecnologías. Sugerimos que haya un monitoreo al azar de las páginas que visitan. Otra sugerencia es que en las escuelas se impartan talleres o pláticas para explicar a los niños los peligros y consecuencias del *cyberbullying*.

20.- Nunca y siempre

Algunos consejos a padres y maestros:

Nunca:

· Minimice el problema del *bullying*; víctimas, victimarios y espectadores necesitan orientación y ayuda.

· No se precipite al tratar de resolver el conflicto. Su enojo e impulsividad pueden agravar la situación. Piense cómo enfrentar el problema con diligencia y serenidad.

· No le diga al niño acosado que el problema "pasará" y que no hay que darle importancia, que "estas cosas suceden", "que no haga drama". Por el contrario: préstele atención y ofrézcale buscar soluciones.

· No solape las actitudes agresivas ni aplauda las actitudes intimidatorias de sus hijos. Un comportamiento de este tipo debe ser atacado y atendido a tiempo.

· No le diga al niño acosado que "no se deje" y "les dé más duro". No lo invite y/o ayude a hacer planes para vengarse. El "ojo por ojo" es la mejor manera de agravar el problema.

· No busque una confrontación directa con los padres del acosador sin haber buscado orientación y asesoría. Lo mejor es que exista un mediador (maestro, psicólogo, orientador) entre ambas partes para resolver el problema.

- No le diga al niño intimidado que usted pasó por eso y lo resolvió solo. Esto lo hace sentir incapaz e inseguro. Aumenta su falta de confianza en sí mismo.
- No le diga al niño que ustedes ya "se las verán" con los acosadores, que no se preocupe. Si usted es agresivo y busca soluciones violentas, el niño aprenderá que esa es la mejor estrategia a emplear.
- No haga sentir al niño acosado como el causante de su problema por su timidez, apocamiento, indefensión, rareza, etc.

Siempre:

- Dígale a su niño que siempre debe reportar a sus maestros y padres si sufre alguna forma de acoso o intimidación.
- Escriba detalladamente lo que vio o le contó el niño sobre cómo se dio el acoso, esa información será muy importante cuando se busquen soluciones.
- Ayude a sus hijos a verbalizar sus emociones, escuche con verdadera atención sus logros y problemas. Procure generar un ambiente de confianza y seguridad.
- Esté atento siempre a datos en la conducta de su hijo que deban ser atendidos. Tener miedo, estar tristes o enojados, son emociones normales en el desarrollo del niño, pero si estos sentimientos se acentúan deberán ser tomados y atendidos como una señal de alerta.
- Ponga límites y reglas claras dentro y fuera de la casa en cuanto a su comportamiento. Los niños deben aprender primero el negro y el blanco y en la medida que maduren los grises los irán comprendiendo.
- Comente con sus hijos que ser testigo de cómo un niño maltrata a otro es ser su cómplice. Aconséjeles buscar inmediatamente a un maestro o adulto que pueda intervenir para

resolver la situación. La pasividad y la indiferencia es otra forma peligrosa de agresión y los niños lo deben de saber.

· Si su hijo es acosado, acosador o espectador de situaciones de intimidación busque ayuda especializada. No desatienda a sus hijos ni se desentienda del problema.

Referencias

Capítulo 1. ¿Todos somos violentos?

APA, American Psychiatric Association, *Diagnostic and Statistical Manual of Mental Disorders, DSM-5 [Manual diagnóstico y estadístico de desórdenes mentales]*, 5th. Edition, 2013

Nansel, Tonja R. *et al.* "Bullying Behaviors Among US Youth. Prevalence and Association with Psychosocial Adjustment. *The Journal of the American Medial Association*, 2001

Capítulo 2. ¿Es el bullying un fenómeno global?

Cámara de Diputados, Constitución Política de los Estados Unidos Mexicanos, tomada de http://www.diputados.gob.mx/LeyesBiblio/ref/cpeum.htm, 2015

Cámara de Diputados, Ley General de Educación, tomada de http://www.diputados.gob.mx/LeyesBiblio/ref/lge.htm, 2015

Cámara de Diputados, Ley General de los Derechos de Niñas, Niños y Adolescentes, http://www.diputados.gob.mx/LeyesBiblio/ref/lgdnna.htm, 2014

Conferencia Europea sobre Iniciativas para Combatir la Intimidación en las Escuelas, Revista Interuniversitaria de Formación del Profesorado. España, agosto 2001, No. 41, pp.147-165. Londres 1998

Dess, N. and Bloom, R. (Eds.), "An Ethological Perspective on World Order", in *Evolutionary Perspectives on Aggression and its Antidotes: Research and Policy Implications.* New York, Praeger Boehm, 2002

Due, Pernile *et al.* "Bullying and Symptoms Among School-Aged Children: International Comparative Cross Sectional Study in 28 Countries". *European Journal of Public Health.* Oxford University Press, 2005, pp.128-132

Irish Society for the Prevention of Cruelty to Children (ISPCC) [Sociedad Irlandesa para la Prevención de la Crueldad en los Niños], tomada de: www.ispcc.ie

Krug, Etienne G., Linda L. Dahlberg, James A. Mercy, Anthony B. Zwi y Rafael Lozano, editores, "Informe Mundial sobre la Violencia y la Salud", *Publicación Científica y Técnica No. 588*, Organización Mundial de la Salud, Estados Unidos, 2003

Martínez, José María, "Iniciativa en la Cámara de Senadores contra el *bullying*", 2013, tomado de: www.excelsior.com.mx

Morita, Y., H. Soeda, K. Soeda, M. Taki In: Smith, P.K., Morita, Y., Junger-Tas, J., Olweus, D., Catalano, R., Slee, P., (Edits.) *The Nature of School Bullying. Cross-National Perspective*, London, Routledge, pp.309-323, 1999

OCDE, *Panorama de la educación. Indicadores de la ocde 2014*. Informe en español, 2014

OCDE, *Teaching and Learning International Study* (TALIS), [Estudio Internacional sobre la Enseñanza y el Aprendizaje] 2013

Olweus, Dan. *Aggressive Behavior*. New York, Wiley, 1979

Ross, Dorothea M. "Bullying", *Handbook of Crisis Counseling, Intervention and Prevention in the Schools*. London, Lawrence Eribaum Associates Publishers, 2002

Santos Sanz, M. "Violencia en la escuela francesa. El Plan Allégre", en *Organización y gestión educativa, Revista del Fórum Europeo de Administradores de la Educación*. España, Vol. 4, pp. 8-13, 1998

Secretaría de Educación Pública. *¿Cómo construir ambientes protectores?* México, 2011. Tomada de: www.basica.sep.gob.mx

Secretaría de Salud, *Encuesta Nacional de Salud*, 2012. Tomada de: www.ensanut.insp.mx

Smith, Peter K. "El Proyecto Sheffield. No sufráis en silencio", en *Cuadernos de pedagogía*. España, No. 270, 1998

Smith, Peter K., Y. Morita, J. Junger-Tas, D. Olweus, R. Catalano and P. Slee. *The Nature of School Bullying: a Cross-National Perspective*. London: Routledge 1998.

Smith, Peter K. and Paul Brain. "Bullying in Schools: Lessons from Two Decades of Research", *Aggressive Behavior*. New York, Wiley, Vol. 26, pp. 1-9, 2000

Smith, Peter K. *et al.* "Definitions of Bullying: A Comparison of Terms Used and Age and Gender Differences in a Fourteen-Country International Comparison", *Child Development*, Vol. 3, No. 4, pp. 1119-1133, 2002

Tooby, John and Leda Cosmides. *Evolutionary Psychology: Conceptual Foundations*. Santa Barbara, California: University of California, Chapter I, 2005

Valadez, Blanca, "México es el primer lugar de bullying a escala mundial", *Milenio Diario*, México, 2014

Whitney, I. and P.K. Smith. "A Survey of the Nature and Extent of Bullying in Junior/Middle and Secondary Schools", *Educational Research*, pp. 3-25, 2006

Capítulo 3. ¿La violencia se comporta igual en todo el mundo?

British Council. *La diversidad e inclusión en los centros escolares*. Tomado de: https://www.britishcouncil.es

Centre for Peace and Conflict Studies. Universidad de Sydney. Tomado de: Sydney.edu.au arts peace_conflict http://www.visionofhumanity.org/#/page/indexes/global-peace-index

Eljach, Sonia. *Violencia escolar en América Latina y el Caribe. Superficie y fondo.* UNICEF. Noviembre 2011. Tomado de: www.unicef.org

Instituto para la Economía y la Paz. *Índice de Paz Global 2014* [Global Peace Index]. Tomado de: www.economicsandpeace.org

ONU. *Global Status Report on Violence Prevention 2014.* Tomado de: Centro de Noticias. www.un.org

Organización Mundial de la Salud. UNODC. PNUD, *La situación mundial de la prevencion de la violencia*, 2014

Secretaría de Educación Pública, *Primera Encuesta Nacional, Exclusión, Intolerancia y Violencia en Escuelas Públicas de Educación Media Superior*, 2008

Capítulo 4. ¿La riqueza o la pobreza son factores determinantes de la violencia?

Conger, R.D., Xiaojia Ge, Glen H. Elder, Jr., Frederick O. Lorenz and Ronald L. Simons. "Economic Stress, Coercive Family Process, and Developmental Problems of Adolescents", *Child Development*, Vol. 65, Issue 2, pp. 541-561, 1994

Dodge, Kenneth A., Gregory S. Pettit and John E. Bates. "Socialization Mediators of the Relation Between Socioeconomics Status and Child Conduct Problems", in *Child Development*, 1994, Vol. 65, Issue 2, pp. 649-665.

Evans G.W. and Cassells, R.C. "Chilhood Poverty, Cumulative Risk Exposure, and Mental Health in Emerging Adults", *Clinical Psychological Science*, 2013

McLoyd, V.C., R. Ceballo and S. Mangelsdorf. "The Effects of Poverty on Children's Socioemotional Development", *Handbook of Child and Adolescent Psychiatry*. New York, Basic Books, 1993

Miller, Cindy, LCSW, and Cynthia Lowen. *The Essential Guide to Bullying. Prevention and Intervention.* USA, Alpha Books, 2012

Oficina de las Naciones Unidas contra la Droga y el Delito (UNODC), *Monitoring the Impact of Economic Crisis on Crime*, 2010, tomado de: http://www.unodoc.org

Rutter, M., B. Maughan, P. Mortimore and Ouston, J. *Fifteen Thousand Hours: Secondary Schools and Their Effects on Children.* Cambridge, Mass., Harvard University Press, 1979

Vázquez González, Carlos, "Factores de riesgo de la conducta delictiva en la infancia y adolescencia", en *Delincuencia juvenil. Consideraciones penales y criminologías.* Madrid, Colex, cap. 5, pp. 121-168, 2003

Capítulo 5. Hombres y mujeres, niños y niñas, ¿somos igualmente violentos?

Muchembled, Robert. *A History of Violence. From the End of the Middle Ages to the Present.* UK, Polity Press, 2012

Rigby, K. and P.T. Slee. "Children's Attitudes Towards Victims", D.P. Tattum (Ed.) *Understanding and Managing Bullying.* Heinemann Books, pp. 119-135, 1993

United Nations Office on Drugs and Crime (UNODC), *International Statistics on Crime and Justice*, 2013. Tomado de: htpp://www.unodoc.org

Capítulo 6. ¿Qué otros factores influyen?

Bandura, A. "The Social Learning Perspective: Mechanisms of Aggression", in H. Toch (Ed.). *Psychology of Crime and Criminal Justice.* Prospects Heights, Il, Waveland Press, pp. 198-236, 1986

De Brito, S.A., *et al.* "Size Matters: Increased Grey Matter in Boys with Conduct Problems and Callous-Unemotional Traits", in *Brain*, Vol. 4, No. 132, pp. 843-852, 2009.

Eagleton, Terry. *Sobre el mal.* Barcelona, Ediciones Península, 2010

Fries, Wismer, E. Shirtcliff, S. Pollak. "Neuroendocrine Dysregulation Following Early Social Deprivation in Children". *Development Psychobiology*, 2008

Golding, William. *El señor de las moscas.* Alianza Editorial, 1999

Hamilton W.D., "The Genetical Evolution of Social Behaviour I y II". *Journal of Theoretical Biology*, 7:1-16 & 17-52, 1964

Casos de *bullying* conocidos en México:
http://www.excelsior.com.mx/comunidad/2014/06/04/963295
http://noticieros.televisa.com/mexico-estados/1407/nuevo-caso-bullying-tabasco-meten-menor-jaula/
http://www.elgrafico.mx/viral/24-05-2014/5-casos-de-bullying-en-mexico
http://www.diariodemexico.com.mx/nuevo-caso-de-bullying-ahora-en-puebla/
http://mexico.cnn.com/nacional/2014/05/23/las-iniciativas-contra-el-bullying-detenidas-en-el-senado-pese-a-casos
http://www.sdpnoticias.com/estados/2012/11/14/otro-caso-de-bullying-queman-cara-de-nino-en-secundaria-de-aguascalientes
http://www.laopinion.com/latinoamerica/caso-bullying-conmociona-escuela-mexico
http://www.publimetro.com.mx/noticias/cinco-casos-de-bullying-extremo-en-mexico/mneu!esDotn9KFmHk/
http://www.notimerica.com/sociedad/noticia-nuevo-caso-bullying-mexico-acaba-violacion-20140613135450.html
http://www.sinembargo.mx/06-07-2013/675000

Capítulo 7. ¿Todos los animales son violentos entre pares?

De Waal, Franz, *La edad de la empatía.* España, Tusquets, 2012

De Waal, Franz, *El bonobo y los diez mandamientos.* España, Tusquets, 2014

Gilby, Ian C., "The Role of Intelligence in Group Hunting: Are Chimpanzees Different from Other Social Predator?" *The Mind of the Chimpanzee: Ecological and Experimental Perspectives.* Edited by: Elizabeth V. Londsdorf, The University of Chicago Press, 1991

Goodal, J. *The Chimpanzees of Gombe: Patterns of Behavior.* Cambridge, Massachusetts, Harvard University Press, 1986

Hohmann, Gottfried, *Behavioral Diversity in Chimpanzees and Bonobos*, Cambridge University Press, 2002

Instituto Max Planck de Antropología Evolutiva, Secuenciador Genético, Tómas Marques Bonet, "Bonobo, Bonobos, Genética" ULINDI, *Genetica*, 2012

Kinsey, S., M. Bailey, *et al.* "Repeated Social Defeat Causes Increased Anxiety-Like Behavior and Alters Splenocyte Function", in C57BL/6 and CD-Mice, in *Brain Behav. Inmun.*, Vol. 4, No. 21, pp. 458-466, 2007

Seyfarth, R.M., "Social Relationships Among Adult Female Baboons", *Animal Behaviour*, Vol. 24, pp. 917-938, 1976

Sherrow, Hogan. *The Origins of Bullying*. Blogs. scientificamerican.com. Dec. 15, 2011

Vidal, J., B. Buwalda, J. Koolhaas. "Differential Long-Term Effects of Social Stress During Adolescence on Anxiety in Wistar and Wild-Type Rats". *Behavioural Processes*, Vol. 87, Issue 2, pp. 176-182, 2001

Capítulo 8. ¿Nacemos o nos hacemos violentos?

Cassirer, Ernst. *Filosofía moral, derecho y metafísica*, Herder, 2010

Freud, Sigmund. *El malestar en la cultura*. Buenos Aires, Amorrortu Editores, 1979

Fromm, Erich. *Anatomía de la destructividad humana*. España, Siglo XXI, 1981

Garret, Henry E., Edward Lee Thorndike. *Las grandes realizaciones de la psicología experimental*. México: FCE, 1975

Goleman, Daniel, *Emotional Intelligence*. Bloomsbury Publishing. 2009.

Goleman, Daniel, Carl Marci, *et al. Inteligencia social: la nueva ciencia de las relaciones humanas*. Barcelona, Kairos, pp. 664-668, 2012

Instituto de Investigación de Drogodependencia, "La inteligencia emocional como estrategia de prevención de adicciones", *Salud y Drogas*, Alicante, España, Vol. 13, No. 2

Kohlberg, Lawrence. *Moral Stages: A Current Formulation and Response to Critics*, S. Karger Publisher, 1984.

Lorenz, Konrad. *Sobre la agresión: el pretendido mal*, España, Siglo XXI, 2010

Piaget, Jean, *The Moral Judgment of the Child*, Free Press Paperbacks, 1997

Capítulo 9. ¿Todos los adolescentes son violentos?

Epstein, Robert. *The Case Against Adolescence: Rediscovering the Adult in Every Teen*. Quill Driver Books, 2007

Kleijwegt, Marc. *Ancient Youth: The Ambiguity of Youth and the Absence of Adolescence in Greco-Roman Society*. J C Gieben, ed., 1991

National Institute of Mental Health, *El suicidio en Estados Unidos*, tomado de: www.nimh.nih.gov

Schlegel, Alice, Herbert Barry III. *Adolescence: An Anthropological Inquiry*. Free Press, 1991

Whiting, Beatrice and Carolyn Pope Edwards, C*hildren of Different Worlds. The Formation of Social Behavior*. Harvard University Press, 1992

Whiting, Beatrice and John W.M. Whiting, *Children of Six Cultures: A Psycho-Cultural Analysis*. Harvard University Press, 2013

Capítulo 10. Violencia juvenil. Algunos datos

Krug, Etienne G., Linda L. Dahlberg, James A. Mercy, Anthony B. Zwi y Rafael Lozano, editores, "Informe Mundial sobre la Violencia y la Salud", *Publicación Científica y Técnica No. 588*, Organización Mundial de la Salud, Estados Unidos, 2003

Kvaraceus, William C. *La delincuencia de menores: un problema del mundo moderno*. UNESCO, 1964

Loeber, R. "Development and Risk Factors of Juvenile Antisocial Behavior and Delinquency", *Clinical Psychology Review*, pp. 10-42, 1990

National Youth Survey (United States) Wave I, 1976. RCMD, tomada de: www. icpsr.umich.edu

Capítulo 11. Cuando no amamos al prójimo como a nosotros mismos

Iacoboni, Marco. *Las neuronas espejo: empatía, neuropolítica, autismo, imitación, o de cómo entendemos a los otros*. Katz Editores, 2010

Keysers, Christian, *The Empathic Brain*, Kindle edition, 2011

Rizzolatti, Giacomo, Corrado Sinigaglia, *Las neuronas espejo: los mecanismos de la empatía emocional*. Barcelona, Paidós Transiciones, 2006

Capítulo 12. ¿La violencia está en los genes?

Brunner, H.G., Nelen M., Breakefiekd, XO, Ropers HH, van Oost, BA "Abnormal Behavior Associated with a Point Mutation in the Structral Gene for Monoamine Oxidase" A. *Science*, 262: 578-80, 1993

Cases, O., I. Seif, J. Grimsby, P. Gaspar, K. Chen, *et al.* "Aggressive Behavior and Altered Amounts of Brain Serotonin and Norepinephrine in Mice Lacking MAOA". *Science*, Vol. 268, pp. 1763-1766, 1995

Guyton, Arthur C. y John E. Hall, Ph.D., *Tratado de fisiología médica*, Elsevier, 2011

Nelson, R. J., G. E. Demas, P. L. Huang, M. C. Fishman, V. L. Dawson, T. M. Dawson, et al. "Behavioral Abnormalities in Male Mice Lacking Neuronal Nitric Oxide Synthase". *Nature*, Vol. 378, pp. 383-386, 1995

Raine, Adrian. *The Anatomy of Violence: The Biological Roots of Crime. Are Dangerous People Born or Made?*, Penguin Books, 2013

Capítulo 13. Agresividad... ¿condena genética o libre albedrío?

Caspi, A., J. McClay, T. E. Moffitt, J. Mill, J. Martin, I.W. Craig, *et al.* "Role of Genotype in the Cycle of Violence in Maltreated Children", *Science*, 2002, Vol. 297, pp. 851-854.

Cloninger, C., "Predisposition to Petty Criminality in Swedish Adopters: II. Cross Fostering Analysis of Gene Environmental Interactions" *Arch Gen Psychiatry*, Vol. 39, pp. 1242-1247, 1982

Cloninger, C. and H. Gottesman. *Genetic and Environment Factors in Antisocial Behavior Disorders.* New York: Cambridge University Press, 1987

Dawkins, Richard. *The Selfish Gene.* Oxford University Press, 1976

Eley, T.C., P. Lichtenstein, J. Stevenson. Sex Differences in the Etiology of Aggressive and Nonaggressive Antisocial Behavior: Results from Twin Studies. *Child Development*, Vol. 70, pp. 155-168, 1999

Groye, W., E. Eckert. "Heritability of Substance Abuse and Antisocial Behavior: A Study of Monozygotic Twins Reared Apart", *Biol Psychiatry*, 1990, Vol. 27, pp. 1293-1304

Kevles, D. *Violence and the Genetics of Human Behavior: Historical Reflections, in Violence from Biology to Society.* Valencia España, Elsevier Science, 1997

Raine, Adrian. *The Anatomy of Violence: The Biological Roots of Crime. Are Dangerous People Born or Made?,* Penguin Books, 2013

Capítulo 14. La violencia en los medios de comunicación, videojuegos y redes sociales

Anderson, Craig A. and N. L. Carnagey. *Modelo general de agresión. Procesos de desarrollo y personalidad.* Guilford Press, pp. 105-106, 2004

Anderson, Craig A., Douglas A. Gentile, Katherine E. Buckley. *Violent Video Games Effects on Children and Adolescents: Theory, Research, and Public Policy.* Oxford University Press, 2007

Cicchetti, Dante and Donald J. Cohen (Eds.). *Developmental Psychopathology, Risk, Disorder and Adaptation.* Wiley Series on Personality Processes, Vol. I, Chapter 19, 2006

De Wall, C. Nathan, Craig A. Anderson, Brad J. Bushman. "The General Aggression Model: Theoretical Extensions to Violence". *Psychology of Violence.* 2011, Vol. I, No 3, pp. 245-258

Englander, Elizabeth, *Bullying and Cyberbullying.* Cambridge, Mass., Harvard Education Press, 2013

Heston, Mary. *Violent Games, Violent Children?* Internet Medical Association, 2011

Lemish, Dafna. *Children and Media. A Global Perspective.* Wiley Blackwell, 2015

Muchembled, Robert. *A History of Violence. From the End of the Middle Ages to the Present.* UK, Polity Press, 2012

O´Toole, Mary Ellen, PhD. *The School Shooter. A Threat Assessment Perspective,-* Quantico, Virginia: FBI Academy, pp. 221-235, 2000

Sroufe, L. Alan, Robert G. Cooper, Ganie DeHart. *Child development: Its Nature and Course.* McGraw-Hill, 1996.

Capítulo 15. En busca de la residencia del mal

Baron-Cohen, Simon. *The Science of Evil. On Empathy and The Origins of Cruelty.* Basic Books, 2011

Damasio, Antonio, *Self Comes to Mind. Constructing the Conscious Brain.* Random House, 2010

De Brito, Stephane. "Grey Matter Volumes in Children with Conduct Problems and Varying Level of Callous Unemotional Traits". *Journal of Abnormal Child Psychology.* DOI 10.1007/s10802-015-0073-0

Glenn, Andrea L. y Adrian Raine. *Psychopathy: An Introduction to Biological Findings and Their Implications.* New York, New York University Press, 2014

Guyton, Arthur C. y John E. Hall, Ph.D., *Tratado de fisiología médica,* Elsevier, 2011

Hare, Robert D., Ph.D. *Without Conscience.* The Guilford Press, 1993

Markowitsch, H. J, A. Staniloiu. "Neurofisiología de la conducta (anti)social en mente y cerebro". *Investigación y Ciencia.* Nov.-dic. 2014

Mazziotta, John, Joaquín M. Fuster, *The Prefrontal Cortex,* Academic Press. 2015

Raine, Adrian. *The Anatomy of Violence: The Biological Roots of Crime. Are Dangerous People Born or Made?,* Penguin Books, 2013

Strauch, Barbara. *The Primal Teen,* Anchor Books, 2004

Tovar, José, Feggy Ostrosky. *Mentes criminales. ¿Eligen el mal? Estudios de cómo se genera el juicio moral.* Manual Moderno, 2013

Zarranz, J.J. *Neurología,* Elsevier. 5ª. ed, 2013

Capítulo 16. ¿Es el *bullying* un asunto sólo de dos?

APA, American Psychiatric Association, *Diagnostic and Statistical Manual of Mental Disorders, DSM-5 [Manual diagnóstico y estadístico de desórdenes mentales],* 5th. Edition, 2013

Arsenio, W.F. y E. Lemerise. "Aggression and Moral Development: Integrating Social Information Processing and Moral Domain Models". *Child Development,* Vol. 75, pp. 59-73, 2004

Cerezo Ramírez, Fuensanta. "Variables de personalidad asociadas en la dinámica *bullying* (agresores versus víctimas) en niños y niñas de 10 y 15 años". *Anales de Psicología,* Vol. 17, No. 1, pp. 37-43, 2001

Krug, Etienne G., Linda L. Dahlberg, James A. Mercy, Anthony B. Zwi y Rafael Lozano (Eds.). "Proyecto Filadelfia e investigaciones en Copenhague, Dinamarca", en *Informe Mundial sobre la Violencia y la Salud*. Publicación Científica y Técnica No. 588. Washington, DC: Organización Mundial de la Salud.

Menesini, E., A. Fonzi, A., V. Sánchez. "Attribuzioni di emozioni di responsabilità e disimpegno morale in una storia di bullismo. Differenze tra bulli, vittime, estreñí e difensore". *Eta-Evolutiva*, Vol. 71, No. 1, pp. 76-83, 2002

Olweus, D. *Aggression in the Schools: Bullies and Whipping Boys.* Washington D.C, Hemisphere Press, 1978

Piaget, Jean. *The Moral Judgment of the Child.* Glencoe, Illinois: The Free Press, 1932

Rivers, I. and P. K. Smith. "Types of Bullying Behavior and Their Correlates". *Aggressive Behavior*, Vol. 20, pp. 359-368, 1994

Sutton, J. and P. K. Smith. "Bullying as a Group Process: An Adaptation of the Participant Role Scale Approach". *Aggressive Behavior*, Vol. 25 No. 2, pp. 97-111, 1999

Capítulo 17. El elenco: las víctimas, los victimarios y los testigos

Balbi, Elisa, Elena Boggiani, Michele Dolci, Giulia Rinaldi. *Adolescentes violentos.* Herder, 2013

Carbonell Fernández, José Luis, Ana Isabel Peña Gallego, *El despertar de la violencia en las aulas*, CCS, 2001

Koch, Richard, "The 80/20 Principle: The Secret to Achieving More with Less",*Business E-Newsletter*, e-mail: CrownBussiness@RandomHouse.com

Miller, Cindy, LCSW, and Cynthia Lowen. *The Essential Guide to Bullying. Prevention and Intervention.* USA, Alpha Books, 2012

Strauch, Barbara. *The Primal Teen*, Anchor Books, 2004

Swearer, Susan M., Dorothy L. Espelage and Scott A. Napolitano, *Bullying. Prevention & Intervention. Realistic Strategies for Schools.* The Gilford Press, 2009

Capítulo 18. *Cyberbullying*: una forma nueva de acosar

Asociación Mexicana de Internet. AMIPCI. *Redes sociales en México y Latinoamérica*, http://www.amipci.org.mx, 2013

Hernández, Renato. *Comunicado 381.* 24 de octubre de 2015, tomado de: www.senado.gob.mx

Ibarra Sánchez, Ernesto. *Protección de niños en la Red: sexting, cyberbullying y pornografía infantil.* México: Instituto de Investigaciones Jurídicas-UNAM, 2014.

Instituto Nacional de Tecnologías de la Comunicación, INTECO. España. http//sid.usal.es

Kandel Englander, Elizabeth. *Bullying and Cyberbullying.* Harvard Education Press, 2013

Malinowski, Bronislaw. *Los argonautas del Pacífico Occidental.* Ediciones Península, 2001

Norton Online Family Report. Tomado de: http//us.norton.com

ONU, Declaración de los Derechos de los Niños, tomado de: www.humanium.org

Capítulo 19. Prevención e intervención

Skiba, R. and R. Peterson. *The Dark Side of Zero Tolerance: Can Punish Lead to Safe Schools?* Phi Delta Kappan, Vol. 80, No. 5, pp. 372-6-381-3

Skiba, R. Are Zero. "Are Tolerance Policies Effective in the Schools? An Evidentiary Review and Recommendations". *American Psychologist*, Vol. 63, No. 9, pp. 852-862, 2008

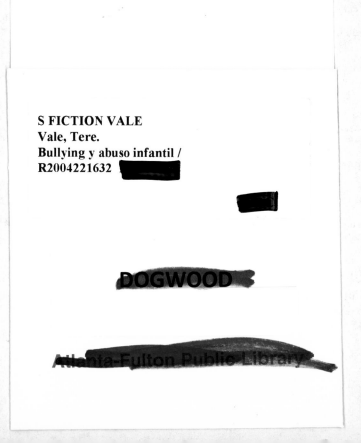